»Seeleute leben gefährlich,
doch das Leben der Unterseeboot-
Fahrer ist am meisten bedroht.«

Dr. Robert D. Ballard

COLLECTION
ROLF HEYNE

SPENCER DUNMORE

GESUNKENE U-BOOTE

VON DER HUNLEY BIS ZUR KURSK – UNTERGANG, VERLUST UND BERGUNG

Mit einem Vorwort von
DR. ROBERT D. BALLARD

EIN MADISON PRESS BUCH,
PRODUZIERT FÜR
COLLECTION ROLF HEYNE

Titel der englischsprachigen Originalausgabe: LOST SUBMARINES.
From the Hunley to the Kursk, the greatest submarines ever lost – and found

Ins Deutsche übertragen von Heinz-W. Hermes
Redaktion: Ariadne Buch Produktion, München

Umschlaggestaltung: Büro Jorge Schmidt, München
Technische Beratung: J. David Perkins
Unterwasserfotografie: Jonathan Blair und Brian Skerry
Layout und Design: Gordon Sibley und Nathan Beyerle
Illustrationen und Diagramme: Jack McMaster
Herstellung: Karlheinz Rau, München
Satz: SatzTeam Berger, Ellwangen/Jagst
Druck und Bindung: Imago Productions (F. E.) Ltd., Singapur

Printed in Singapore

ISBN 3-89910-173-1

Dieses Buch wurde von
Madison Press Limited
für die Collection Rolf Heyne
hergestellt.

SEITE 1: »Auf dem Turm«, Gemälde von Stephen Bone.

SEITEN 2–3: Ein U-Boot auf Patrouille im Nordatlantik. Gemälde des deutschen Marinemalers Claus Bergen.

SEITEN 4–5: Ein Taucher schwimmt auf den Turm des gesunkenen *U-352* zu. Das Boot wurde am 9. Mai 1942 vor der Küste von North Carolina versenkt. Foto: Brian Skerry.

SEITE 7: Das Wrack des japanischen Unterseeboots *I-52*. Dieses Foto wurde von Jonathan Blair im Auftrag von *National Geographic* aufgenommen.

SEITE 8: »An Deck eines deutschen U-Bootes«. Gemälde von Claus Bergen.

Inhalt

Vorwort: **Die lautlose Truppe**

Jeder im Kontrollzentrum verfiel in Schweigen, als die Bilder von verbogenem Metall auf den Video-Monitoren erschienen. Wir wussten, dass unser Forschungsschiff über dem Grab der USS *Thresher* angekommen war. Es war im Sommer 1984, als wir uns auf einer Geheimmission für die U. S. Navy befanden und die Aufgabe hatten, die Überreste des Atomunterseebootes aus der Ära des Kalten Krieges zu fotografieren, eines Unterseebootes, dessen Verschwinden 21 Jahre zuvor 129 Männer das Leben gekostet hatte. Wie bei den meisten gesunkenen Schiffen, so hatte uns auch hier eine Spur von Trümmerstücken zum Wrack selbst geführt. Doch hier gab es kein Wrack mehr, sondern nur noch einen Trümmerhaufen. Die *Thresher* sah aus, als sei sie im wahrsten Sinne des Wortes durch den Reißwolf gedreht worden, zerquetscht von einer gigantischen, unsichtbaren Faust.

Ein Jahr später erforschten wir die Stelle, an der ein weiteres Unterseeboot, das in diesem Buch erwähnt ist, gesunken war, die USS *Scorpion*. Ihr Wrack liegt in über 3 000 Metern Tiefe auf dem Grunde des Atlantik. Im Gegensatz zur *Thresher* war die *Scorpion* jedoch weitgehend unbeschädigt, obwohl sie fast entzweigebrochen war und der Wasserdruck den Heckbereich wie ein Teleskop zusammengeschoben hatte. Auch war der Turm abgerissen.

Beide Orte waren bedrückend. Es war, als besuchte man ein Schlachtfeld oder die *Arizona*-Gedenkstätte in Pearl Harbor. Man spürte förmlich, dass hier etwas Furchtbares passiert sein musste und dass viele Menschen ihr Leben verloren hatten. Seeleute leben gefährlich, doch das Leben der Unterseeboot-Fahrer ist am meisten bedroht.

Ich selbst habe den überwiegenden Teil meines Erwachsenendaseins mit Unterseebooten der verschiedensten Arten verbracht. Allein 43 Jahre meines Lebens habe ich im Dienst der U. S. Navy und deren Reserve gestanden und dabei eng mit der Unterseeboot-Truppe zusammen gearbeitet, wobei ich auch etliche Tauchfahrten an Bord militärischer Unterseeboote unternahm. Doch die meiste Zeit habe ich an Bord von noch kleineren Unterseebooten verbracht, wie die nur für eine Drei-Mann-Besatzung ausgelegte *Alvin*, mit der ich zahlreiche Tauchfahrten während meiner Jahre an der Woods Hole Oceanographic Institution unternahm. Genau diese *Alvin* war es auch, die mich im Jahre 1986 hinunter zur *Titanic* brachte und mich damit zum ersten Menschen werden ließ, der sie nach über 70 Jahren wieder zu Gesicht bekam. Ein anderes Mini-Tauchboot, die *Delta*, ermöglichte es uns, eines der berühmtesten Schiffe zu erkunden, das je von einem Unterseeboot versenkt wurde, die *Lusitania*.

Doch für mich gilt das Gleiche wie für jeden anderen Unterseeboot-Fahrer auch: Wenn wir aufrichtig sind, müssen wir uns eingestehen, wie zerbrechlich wir in dieser dunklen Welt unterhalb der Wasseroberfläche wirklich sind. Denn dies ist eine Welt, die einen umzubringen versucht, und sie kann ein lautloser und unsichtbarer Mörder sein.

Sämtliche gesunkenen Unterseeboote, die auf dem Grunde der Ozeane liegen, angefangen von der primitiven *Hunley* bis hin zum Atom-Unterseeboot *Kursk*, haben Menschenleben gefordert. Doch jede dieser Katastrophen hat gleichzeitig auch eine Rolle in der Weiterentwicklung einer Technologie gespielt, die es uns heute ermöglicht, das feindliche Umfeld zu erkunden, das den größten Teil unseres Planeten bedeckt. Das ist die Geschichte, die Spencer Dunmore so gut in seinen packenden Texten schildert, und die von faszinierenden Fotos, Gemälden und Zeichnungen ergänzt wird.

Ganz gleich, ob diese Unterseeboote im Krieg oder im Frieden verloren gingen, und ungeachtet ihrer Nationalität haben sie doch eines gemeinsam: die außergewöhnlichen Männer, die auf ihnen ihren Dienst versahen. Ähnlich den Fliegern verbindet die Unterseeboot-Fahrer verschiedener Marinen mehr miteinander als mit den Mitgliedern ihrer eigenen Flotten, die sich an der Oberfläche der Ozeane bewegen.

Diese bemerkenswerten Männer (und inzwischen auch Frauen) werden stets, ungeachtet der Tatsache, wie fortschrittliche ihre Boote auch sein mögen, bis zu einem gewissen Grade auf Gott vertrauen müssen. An diese Unterseebootfahrer sollten wir denken, wenn wir dieses Buch lesen.

Dr. Robert D. Ballard

Mystic, Connecticut, im Juni 2002

Prolog: **12. August 2000**

Das Geräusch dröhnt wie der Schlag eines gewaltigen Vorschlaghammers durch den gesamten Druckkörper des Unterseebootes. Fast scheint es, als würde die Gewalt der Erschütterung die Luft im Raum komprimieren. Den zutiefst erschrockenen Mannschaftsmitgliedern schießt ein einziger Gedanke durch den Kopf: »Eine Kollision!« – obwohl gerade diese Möglichkeit eigentlich mit an Sicherheit grenzender Wahrscheinlichkeit ausgeschlossen sein sollte. Schließlich handelt es sich bei ihrem Boot um die mächtige *Kursk*, den Stolz der russischen Marine, das modernste aller Unterseeboote, das jemals vom Stapel einer russischen Werft gelaufen ist. Wie sollte etwas so Großartiges in eine profane Kollision verwickelt werden?

Die Horcher an den akustischen Sensorsystemen an Bord der in der Nähe befindlichen amerikanischen, britischen und norwegischen Schiffe sind bei dem Geräusch zusammengezuckt, das gerade aus den Kopfhörern gedrungen ist. Aber es kommt noch viel schlimmer. Exakt zwei Minuten und 15 Sekunden nach der ersten folgt eine zweite, hundertfach stärkere Explosion. Rund 6 000 Kilometer entfernt stehende Seismografen schlagen bis zu einem Wert von 3,5 auf der nach oben offenen Richterskala aus, was etwa dem Wert entspricht, der durch die Explosion von zwölf Tonnen TNT entsteht.

Der Brand verschlingt blitzschnell den riesigen Vorschiffsbereich des Bootes. Die Hitze ist mit weit über 3 000 °C so gewaltig, dass hier alles Fleisch in derselben Sekunde verdampft. Die Gewalt der Explosion lässt vom Bugbereich des Unterseebootes lediglich einen Haufen verbogenen Stahls übrig.

Die Männer in der zweiten Abteilung der *Kursk*, Kapitän Gennady Lyachin und die meisten seiner Offiziere, finden sofort den Tod. Auch der dritten Abteilung ergeht es nicht besser, Gleiches gilt für das Dutzend Männer in der vierten Abteilung – alle werden augenblicklich Opfer der riesigen Hitze und der Druckwelle, der eine Schottwand nach der anderen zum Opfer fällt.

Die *Kursk* ist tödlich getroffen. In der dünnen Außenhülle ihres Druckkörpers klafft eine über 24 Meter lange Wunde, die sich bis zum Turm erstreckt. Die massive Innenhülle, die darauf ausgelegt ist, den gewaltigen Druckbelastungen in den Tiefen der Ozeane zu widerstehen, hat sogar noch größeren Schaden genommen. Als das Seewasser in reißenden Fluten in das Boot strömt, gerät die *Kursk* außer Kontrolle und beginnt, in die Tiefe zu trudeln, während sich die Reaktoren automatisch abschalten. In den Abteilungen im hinteren Teil werden die überlebenden Besatzungsmitglieder herumgeschleudert, während das Unterseeboot wie ein Stein sinkt. Schließlich bohrt es sich in den Meeresboden und gräbt eine über 150 Meter lange Spur in den Sand, bis es endlich zum Stillstand kommt. Der Bug zeigt nach unten; das Schiff hat zwanzig Grad Schlagseite nach Backbord. Die Meeresoberfläche liegt ziemlich genau 108 Meter über dem Boot.

Zu diesem Zeitpunkt sind seit der ersten Explosion gerade vier Minuten vergangen. Noch 23 Besatzungsmitglieder sind am Leben. Sie drängen sich in der achten Abteilung zusammen, wo sich die hintere Notausstiegsschleuse der *Kursk* befindet. Sie sind verängstigt und aufgeschreckt, etliche von ihnen verletzt, einigen rinnt das Blut aus den Ohren, weil ihnen die Trommelfelle geplatzt sind. Wie betäubt starren sie einander an, jeder ringt darum, die grauenhafte Wirklichkeit zu begreifen. Schon beginnt das fahle Licht, das vom Not-Energiesystem geliefert wird, schwächer zu werden. Bald wird sich Finsternis im ganzen Boot ausbreiten. Leise schluchzt einer der Männer auf, ein anderer kritzelt fieberhaft auf ein Stück Papier. Unaufhörlich dringt Wasser in die Abteilung. Ist der Zufluss stärker geworden? Die Luft wird immer schlechter, rasender Kopfschmerz befällt die Männer. Dann verlieren die ersten die Besinnung, und ihre Köpfe rollen im Wasser hin und her, das die Abteilung nach und nach volllaufen lässt.

Das Ende ist nahe.

Trotz ihres fabelhaften Bootes, trotz all der auf dem neuesten Stand der Technik befindlichen Ausrüstung, trotz der beiden Kernreaktoren, des doppelwandigen Druckkörpers, dessen Hüllen gut drei Meter voneinander entfernt sind, trotz der gut zehn Zentimeter dicken, gummiartigen Beschichtung, die Sonarechos unterbindet, sieht sich die Mannschaft nun mit dem gleichen Schicksal konfrontiert, dem sich schon die Pioniere in der Welt der Unterseeboote lange vor ihrer Zeit stellen mussten. Die gleiche erbarmungslos feindliche Umgebung. Die gleiche völlige Abhängigkeit von komplizierten Systemen. Das Los eines jeden Unterseeboot-Fahrers.

Kapitel 1: **Die Geburt des Unterseebootes**

Das Atom-Unterseeboot USS *Maryland* pflügt während der Probefahrten im Jahr 1992 durchs Wasser. Mit einer Länge von rund 171 Metern ist dieses Boot zehnmal länger als die USS *Holland*, das erste Unterseeboot, das die U. S. Navy im Jahr 1900 in Dienst stellte.

Niemand weiß, wer es letztendlich war oder wann es geschah, geschweige denn, wo. Aber irgendwann muss jemand in einen Teich oder ins Meer geblickt und dabei gedacht haben: »Ein Boot, das sich unter der Wasseroberfläche statt auf ihr bewegen könnte, wäre eine fabelhafte Kriegswaffe.«

Eine Erkenntnis, die die Fantasie von Generationen von Erfindern beflügelte. Doch eine Fahrt unter Wasser stellte eine riesige technische Herausforderung dar, wie Tüftler im Laufe der Jahrhunderte immer wieder feststellen mussten.

Manche vertreten die Ansicht, Alexander der Große sei der Welt erster Unterseeboot-Fahrer gewesen. Der makedonische Eroberer soll angeblich das Leben unter Wasser von einem gläsernen Fass aus beobachtet haben. Über die Jahrhunderte hinweg experimentierten viele andere mit Unterwasserfahrzeugen, die durch Ruder oder fischartige Schwänze fortbewegt werden sollten. Im Jahre 1696 baute der französische Wissenschaftler Denis Papin ein Tauchboot, das bereits einige Elemente enthielt, die in einem modernen Unterseeboot zu finden sind: einen Ballasttank, eine Bilgenpumpe und einen Schnorchel zur Oberfläche. Berichten zufolge absolvierte er mit diesem Fahrzeug zumindest eine erfolgreiche Probefahrt.

Der erste Versuch der militärischen Nutzung eines Tauchbootes erfolgte im Jahre 1776 während des amerikanischen Unabhängigkeitskrieges. Ein junger Mann namens David Bushnell beschloss, das Seinige zum Kampf für die Freiheit beizutragen, indem er mit seinem eiförmigen Tauchboot, der *Turtle*, ein britisches Schiff zu versenken suchte. Bushnells aus Holz gebautes Boot war mit handgetriebenen Schiffsschrauben ausgerüstet, mit denen das Boot sowohl vertikal als auch horizontal bewegt werden konnte. Mittels einer Fußpumpe wurde Wasser ins Boot gepumpt, um es tauchen zu lassen, mit einer anderen Pumpe sollte zum Auftauchen wieder gelenzt werden. Rund 350 Kilogramm Bleiballast befanden sich an Bord, um das kleine Boot in senkrechter Lage zu halten. Bushnells Plan bestand darin, sich mit der *Turtle* dem ausgewählten Ziel in Überwasserfahrt zu nähern und dann unter den Rumpf des feindlichen Schiffes zu tauchen. Der unerschrockene – und äußerst beschäftigte – Mann, der das Boot steuerte und bediente, sollte dann ein Loch in den Rumpf des Zielschiffes bohren und eine etwas über 70 Kilogramm schwere Sprengladung mit einem Zünder anbringen, der durch eine Reißleine in Gang gesetzt werden konnte.

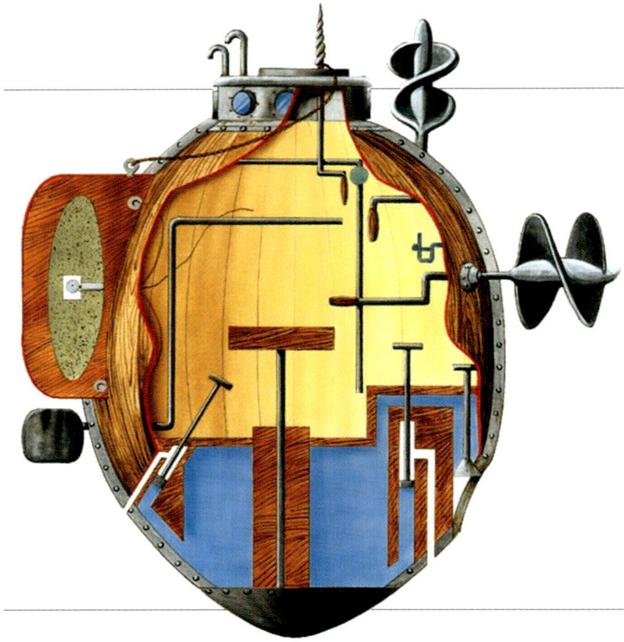

Die **Turtle**

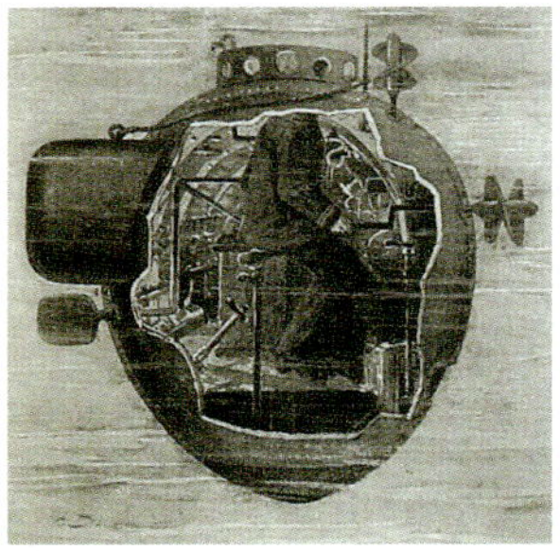

David Bushnells *Turtle* versucht, nach der Zündung der Sprengkörper im Hafen von New York 1776 (UNTEN) in sichere Gewässer zu entkommen. Das eiförmige Tauchboot, dessen Rumpf normalerweise knapp 15 Zentimeter über die Wasseroberfläche hinausragte, wurde lediglich durch zwei primitive Schiffsschrauben gesteuert. Mit dem mächtigen Bohrer (LINKS) sollte der Rumpf eines feindlichen Schiffes angebohrt werden, damit die Sprengkörper befestigt werden konnten. Leider schaffte es der Bohrer nicht, den mit Kupferplatten beplankten Rumpf des britischen Kriegsschiffs HMS *Eagle* (UNTEN, RECHTS IM HINTERGRUND) zu durchdringen.

Der Mann, der ursprünglich diese gefahrvolle Mission ausführen sollte, war Bushnells Bruder, doch der wurde – möglicherweise in Anbetracht dessen, was vor ihm lag – krank, so dass ein anderer Freiwilliger gefunden werden musste. Ezra Lee, ein Sergeant der Continental Army, meldete sich freiwillig und machte sich im August 1776 auf, die HMS *Eagle*, das Flaggschiff des britischen Admirals Howe, anzugreifen, der damit New York belagerte. Doch Lee wurde von den Briten entdeckt und in eine wilde Verfolgungsjagd verwickelt. Kurz entschlossen ließ er die für die *Eagle* gedachte Sprengladung hochgehen und entkam in der anschließenden allgemeinen Verwirrung. Es folgten noch zwei weitere Versuche, britische Kriegsschiffe zu versenken, doch auch diese blieben erfolglos. Großbritannien beherrschte nach wie vor die Meere, obgleich es den Amerikanern letztendlich auch so gelang, ihre Unabhängigkeit zu erstreiten.

Ein anderer Amerikaner, Robert Fulton, wurde schließlich zu einer Schlüsselfigur in der Entwicklung von Unterseebooten, obwohl er heute eher für seine Pionierleistungen in der Dampfschifffahrt bekannt ist. Wie so viele seiner Nachfolger war auch er irischer Abstammung und als Ire bestrebt, seine Heimat von den Briten zu befreien. Allerdings lag es ihm fern, diese zu töten. Sein Grundgedanke bestand darin, durch seine Unterseeboote die britische Kriegsmarine zu neutralisieren und dadurch die internationale Macht Großbritanniens zu reduzieren. Sein erstes Unterseeboot wurde im Jahre 1801 fertig gestellt und trug den Namen *Nautilus*. Es war rund sechs Meter lang, besaß eine Schiffsschraube, die von Hand über eine Kurbel angetrieben wurde, und eine Außenhaut aus Kupfer. Es war das erste Boot der Welt, das über zwei unterschiedliche Antriebssysteme für die Fahrt über und unter Wasser verfügte. Darüber hinaus hatte es als erstes einen Turm, auch wenn dieser kaum mehr als ein aus Metall bestehender, halbkugelförmiger Vorsprung auf dem Rumpf war. Mit einer Art Stachel sollte die *Nautilus* am vorgesehenen Angriffsziel festmachen, während die Sprengladung, die man damals schon als »Torpedo« bezeichnete, angebracht wurde. Das Unterseeboot war für eine Besatzung von drei Mann ausgelegt und bereits mit Tiefen- und Seitenrudern ausgerüstet.

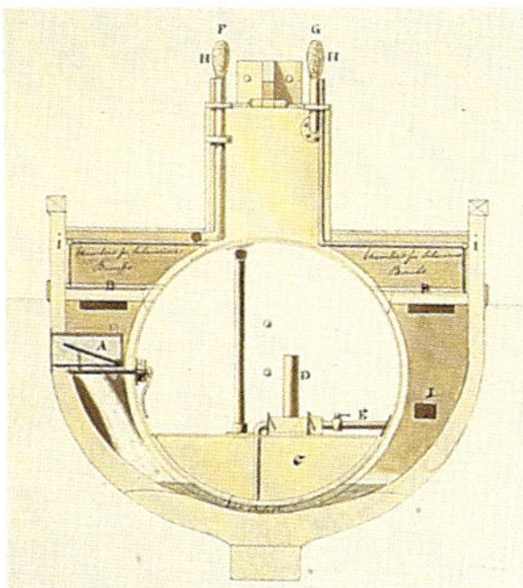

(Oben) Querschnittzeichnung der *Nautilus*, auf der die Räume für die Mannschaft, den Ballast und die Bomben des Tauchbootes dargestellt sind. (Rechts) Robert Fulton weist die *Nautilus* während der Probefahrten im Jahre 1801 auf der Seinemündung ein.

Am 3. Juni 1801 zeigte die *Nautilus* in der Seine-Mündung, was in ihr steckte. Sie tauchte auf vier Meter Tiefe und verweilte rund eine Stunde unter Wasser. Später rüstete Fulton sein Unterseeboot mit Flaschen voll komprimierter Luft aus. Berichten zufolge gelang es ihm dadurch, die Verweildauer unter Wasser auf bis zu fünf Stunden auszudehnen. Es folgte ein weiterer Test, bei dem die getauchte *Nautilus* im Hafen von Brest mit einer Ladung von rund zehn Kilogramm Schießpulver einen alten Schoner versenkte. Es war eine eindrucksvolle Demonstration. Zu Fultons Pech hatte der örtliche Präfekt jedoch Angst vor Vergeltungsakten und verweigerte ihm die Erlaubnis, weitere Scheinangriffe durchzuführen. Damit nicht genug, wies die Regierung Frankreichs Fultons Vorschläge für eine verbesserte Version der *Nautilus* mit der Begründung zurück, eine Kriegführung mit Unterseebooten sei hinterhältig und der französischen Armee nicht würdig.

Also wandte Fulton sich von den Franzosen ab, schluckte seine antibritischen Gefühle hinunter und überquerte 1804 den Ärmelkanal. In diesen Jahren begannen sich Gerüchte zu häufen, Napoleon Bonaparte bereite sich auf eine Invasion Englands vor. Der damalige britische Premierminister William Pitt wollte wissen, ob Fultons Tauchboot sich in dieser Situation nationaler Bedrohung von Wert erweisen könnte, und ernannte eine Kommission, die dies näher untersuchen sollte. Doch die Lords der Admiralität waren immer noch von Nelsons Sieg berauscht, den dieser bei Trafalgar errungen hatte, und rümpften ihre aristokratischen Nasen über Fultons Idee. In der Tiefe zu lauern und ungesehen anzugreifen war nicht die Art, wie die Royal Navy ihre Kriege zu führen wünschte! Keineswegs entmutigt, kehrte Fulton im Jahre 1806 in die Vereinigten Staaten zurück und überzeugte vier Jahre später den Kongress, 5 000 Dollar in die Entwicklung eines dampfgetriebenen Unterseebootes zu investieren. Ein über sechs Meter breiter und mehr als 24 Meter langer Prototyp wurde auf Kiel gelegt, doch nachdem Fulton im Jahre 1815 gestorben war, gab man das Projekt auf.

Andere folgten in Fultons Kielwasser. In England entwarf ein ehemaliger Seemann namens Thomas Johnstone ein von einem Uhrwerk angetriebenes Tauchboot. Der Rumpf sollte aus Metall bestehen und mit Holz und Korkschichten beplankt werden. Johnstone wollte einen Prototyp bauen, doch die halsstarrigen und geizigen Lords der Admiralität weigerten sich, das Projekt zu finanzieren. Schließlich wurde Johnstone im Jahre 1817 auch noch unter dem Verdacht verhaftet, für die Amerikaner und Franzosen zu arbeiten. Einem damals kursierenden Gerücht zufolge hätten ihm die Franzosen den Auftrag erteilt, ein Unterseeboot zu bauen, das Napoleon aus seinem Exil auf der Insel St. Helena befreien sollte.

Es vergingen noch fast 50 Jahre, bevor ein Unterseeboot tatsächlich als Kriegswaffe Verwendung fand, in einem gänzlich anderen Krieg auf der anderen Seite des Atlantiks.

Zwar mag Fultons *Nautilus* weder die Regierung Frankreichs noch die britische Admiralität überzeugt haben, auf jeden Fall schaffte es seine Erfindung aber, die Phantasie der Öffentlichkeit anzuregen, wie die kuriose Darstellung der *Nautilus* auf einem Zigarettenbildchen der damaligen Zeit (LINKS) zeigt. Andere kühne Erfinder folgten Fulton im Kielwasser. (GEGENÜBER, OBEN) Der im Jahre 1861 von Brutus de Villeroi für die U. S. Navy gebaute *Alligator* war knapp über 14 Meter lang und verfügte über eine enorme Schiffsschraube, die mittels Handelkurbel betrieben wurde. Ironischerweise war dieses Boot der Nordstaaten, ebenso wie die *Hunley* der Südstaaten, für den Einsatz im Hafen von Charleston vorgesehen, ging dann jedoch auf der Schleppfahrt vor Cape Hatteras verloren. (UNTEN) Den Franzosen Charles Burn und Simon Bourgeois erging es mit ihrer *Le Plongeur (Der Taucher)* nicht viel besser. Das knapp 43 Meter lange Tauchboot erwies sich als zu instabil, als dass es die französische Marine hätte verwenden können.

Kapitel 2: **Die erste Unterwasserwaffe in der Geschichte des Krieges**

Der Dienst an Bord der CSS *Hunley* [Confederate State Ship, die offizielle Bezeichnung für Kriegsschiffe der Südstaaten im amerikanischen Bürgerkrieg (A.d.Ü.)] war nichts für Leute mit schwachen Nerven. Acht Männer saßen im Innenraum einer Art zu groß geratenen Warmwasser-Boilers, der knapp über neun Meter in der Länge und einen Meter zwanzig im Durchmesser maß. In der Dunkelheit schuftete und schwitzte die Besatzung an der mächtigen, quietschenden Kurbel, über die eine einzelne Schiffsschraube angetrieben wurde. Vorn im Bug kauerte der Kommandant und blickte angestrengt durch die kleinen Beobachtungsfenster im gedrungenen Kommandoturm. In Griffnähe befanden sich der Steuerhebel für die Tiefenruder und das Rad für das Seitenruder. Ein Tiefenmesser und ein Kompass vervollständigten die Instrumente. Nur eine flackernde Kerze spendete Licht.

Die von Conrad Wise Chapman romantisiert dargestellte CSS *Hunley* war vorn und achtern mit Ballasttanks ausgerüstet, die über Ventile geflutet und durch Handpumpen gelenzt werden konnten.

Die *Hunley* war im Juli des Jahre 1863 vom Stapel gelaufen und sollte helfen, die Seeblockade der Union zu brechen. Leider diente sie bis zum Dezember desselben Jahres lediglich dazu, fast allen Besatzungsmitgliedern, die sich tapfer freiwillig gemeldet hatten, ein vorzeitiges Seemannsbegräbnis zu verschaffen. Unter den Opfern war auch der unglückselige Erfinder und Namengeber Horace L. Hunley, der das Tauchboot während einer Probefahrt kommandiert hatte. Ein Ventil im vorderen Ballasttank war offen gelassen worden, und das Boot sank vor Charleston auf den schlammigen Grund des Cooper River. Taucher hoben es und bargen die Besatzungsmitglieder.

Lieutenant George Dixon von den 21st Alabama Volunteers wurde nun das Kommando übertragen. Es gelang ihm bis Ende Dezember, erneut eine Mannschaft zu rekrutieren. Obwohl es bei den Konföderierten genug Leute gab, die in diesem »submarinen Torpedo-Boot« eine Todesfalle sahen, drängten sich doch immer wieder Männer, darauf zu dienen. Keiner der neuen Rekruten hatte jedoch die geringste Ahnung, dass

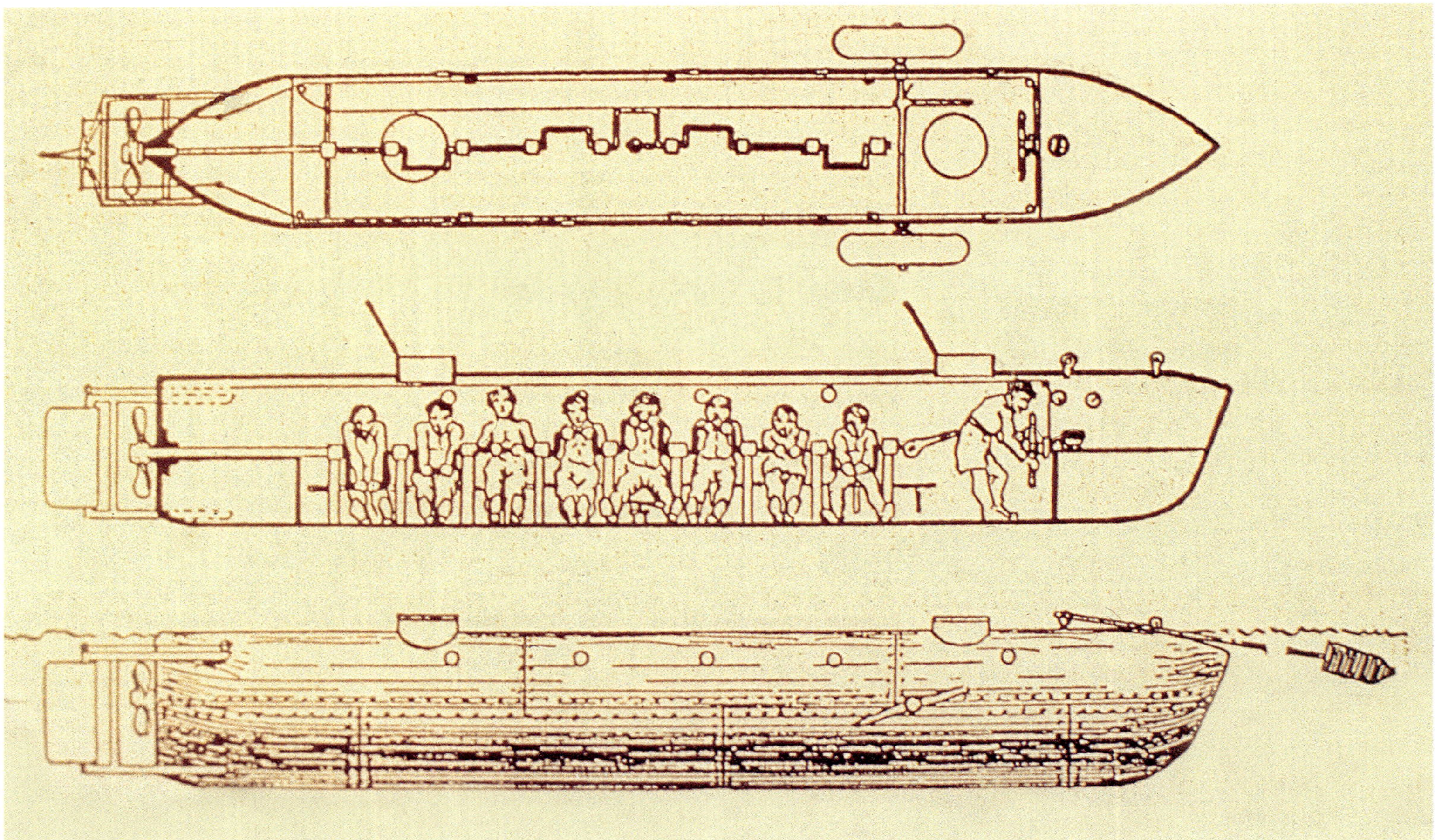

(Oben) Diese von Simon Lake im Jahre 1899 nachträglich angefertigten Skizzen der *Hunley* stützen sich auf die Angaben eines Besatzungsmitglieds, das den ersten Untergang überlebt hatte. Im November 2001 gaben die Archäologen, die die Überreste der *Hunley* untersucht hatten, bekannt, dass sich auf der letzten Fahrt definitiv nur acht und nicht neun Männer an Bord befunden hatten.
(Ganz links) Die Querschnittzeichnung der *Hunley* beruht auf Skizzen von William A. Alexander, der den Bau des Bootes leitete. (Links) Horace L. Hunley.

sie auf dem besten Wege waren, Unterseeboot-Geschichte zu schreiben.

Schon bald musste die *Hunley* bei Nacht den ersten Test unter Gefechtsbedingungen bestehen. Das Tauchboot machte sich mit dem »Torpedo«, einem mit rund 45 Kilogramm Sprengstoff gefüllten Kupferzylinder, im Schlepp auf den Weg. Mit diesem Torpedo sollte unter ein mögliches Ziel getaucht werden, doch die in der Zufahrt zum Hafen von Charleston herrschenden starken Strömungen machten es unmöglich, die Waffe zu steuern. Dixon war sich der Gefahr, durch den eigenen Torpedo versenkt zu werden, sehr wohl bewusst – ein Albtraum, der die Unterseeboot-Fahrer bis heute verfolgt. Vorsichtig bewegte sich die *Hunley* zwischen den Schiffen der Union und tauchte immer wieder, wenn die Strahlen der Karbidlampen von den Schiffen aus über die Wasseroberfläche strichen. Dixon begann sich langsam Sorgen über den Zustand seiner Mannschaft zu machen. Das Drehen der mächtigen Kurbel zehrte gewaltig an den Kräften. Als sich das Boot endlich in einer guten Position befand, waren seine Männer zu ausgepumpt für einen Angriff.

Nachdem es einige Tage später beinahe zu einem furchtbaren Unglück gekommen wäre, als sich der nachgeschleppte Torpedo im Ruder der *Hunley* verfing, beschloss Dixon, den Sprengkörper an der Spitze eines Speers zu befestigen, der aus dem Bug des Tauchbootes ragte. Dieser neue, harpunen-

Charleston im Belagerungszustand

Die Rebellenstadt Charleston spielte im amerikanischen Bürgerkrieg eine entscheidende Rolle. Hier stimmten die Regierungsmitglieder von South Carolina für eine Sezession von der Union, und hier tobten zwischen den Marinen der Konföderierten und der Union die erbittertsten Seegefechte des gesamten Bürgerkriegs. Kurz nach dem Angriff auf Fort Sumter im Jahr 1861 begann die U. S. Navy mit einer massiven Blockade des Hafens. Sie hoffte, so die Versorgungslinien der Stadt unterbrechen zu können. Die Kriegsslup USS *Housatonic* wurde diesem Blockadegeschwader gegen Ende des Jahres 1862 unterstellt. Doch trotz wiederholter Angriffe von Army und Navy blieb der Widerstand unverändert stark. Im Frühling und Sommer 1863 zog die U. S. Navy daraufhin die größte Flotte von Panzerschiffen zusammen, die die Welt gesehen hatte, und begann in der Nähe von Fort Sumter mit einem massierten Angriff auf die Rebellen. Doch die Hoffnung auf eine Kapitulation erfüllte sich nicht. Die Angriffe der Unions-Navy verstärkten vielmehr den Hass der Konföderierten auf den Feind und ihre Entschlossenheit, den Krieg fortzusetzen.

artige Torpedo sollte in das vorgegebene Ziel gerammt und mittels Reißleine gezündet werden, sobald sich das Tauchboot in sicherer Entfernung befand.

William A. Alexander, der bei der Entwicklung der *Hunley* mitgeholfen hatte und auch eine Weile als Schiffsingenieur unter Dixon gefahren war, beschreibt die Strategie, die für den Angriff ausgearbeitet wurde: »Unser Plan bestand darin, Peilungen der Schiffe zu nehmen, wenn diese ihre Positionen für die Nacht einnahmen. Anschließend wollten wir Kurs auf eines von ihnen nehmen und dabei etwa einen Meter achtzig unter Wasser bleiben. Es sollte nur gelegentlich zur Belüftung und Beobachtung aufgetaucht werden, ein letztes Mal kurz vor dem Ziel, das wir attackieren wollten, wobei wir möglichst genau auf die Gillung [Die Gillung ist der Sektor der stärksten Krümmung eines Schiffsrumpfes (A.d.Ü).] halten wollten.«

(Links) Eine Tuschezeichnung der USS *Housatonic* von R. G. Skerrett. (Gegenüber, oben) Die *Hunley* mit dem an einem Speer befestigten Torpedo in Tauchfahrt auf dem Weg zur *Housatonic.* (Unten, links) Eine zeitgenössische Zeichnung des Torpedos, der beim Angriff auf die *Housatonic* verwendet wurde. (Unten, rechts) Zeichnungen der Seitenansicht und der Aufsicht auf die *Hunley.*

Anfang Februar war die Ausbildung beendet und die Mannschaft bereit. Ein Neuankömmling hatte Dixons besondere Aufmerksamkeit erregt, die über 60 Meter lange *Housatonic*, die kaum drei Meilen entfernt vor Anker lag. Der junge Kommandant der Konföderierten beschloss, dieses Schiff anzugreifen, sobald die Bedingungen es zuließen.

Am 17. Februar 1864 war es soweit. Die Besatzung des Unionsschiffes war jedoch von zwei Deserteuren, die sich mit einem Ruderboot durch die Linien der Unionstruppen geschlagen hatten, vor der *Hunley* gewarnt worden. Der Kommandant der *Housatonic*, Captain Pickering, hatte daraufhin seine Offiziere angewiesen, »schärfsten Ausguck zu halten und ständig die Fernrohre zu gebrauchen«. Beim kleinsten Anzeichen eines Angriffs sollten sofort die Anker gelichtet und ein Gong geschlagen werden. Außerdem sollten während der ganzen Nacht die Dampfkessel unter Druck gehalten werden, um jederzeit zum Auslaufen bereit zu sein.

Als das fahle Licht des Vollmondes den wolkenlosen Himmel erleuchtete, zögerte Dixon kurz. Solange nicht wieder Wolken aufzogen, würde die Annäherung der *Hunley* auf keinen Fall unbemerkt vonstatten gehen. Trotzdem entschied er sich, den Einsatz durchzuführen. Bald ragte die Kriegsslup bedrohlich vor ihnen auf, während sich das unbeholfene Unterseeboot ihr zu nähern suchte. Es stampfte und rollte im rauen Wasser, und selbst durch die winzigen Beobachtungsschlitze musste das Licht der Kerze zu sehen gewesen sein, denn die Matrosen der Union gaben prompt Alarm und eröffneten das Feuer. Doch die Kugeln prallten vom stählernen Rumpf der *Hunley* ab und klatschten ins Wasser. Dixon ignorierte den Beschuss und blieb stur auf Kurs.

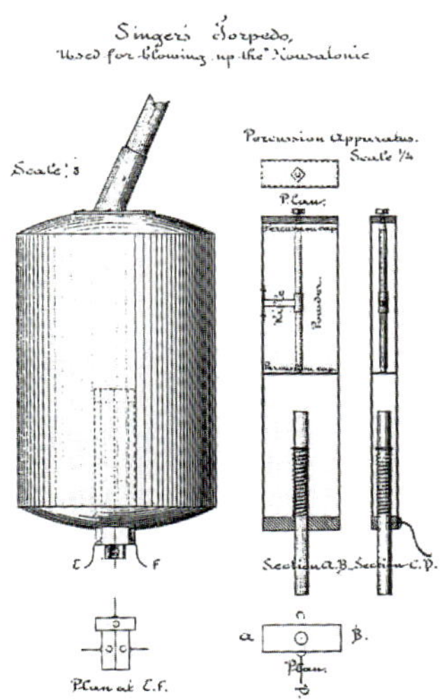
Singer's Torpedo,
Used for blowing up the "Housatonic
Scale: 8
Percussion Apparatus.
Scale 1/4
Plan.
Rifle
Powder
Section A.B. Section C.D.
E
F
Plan at E.F.
A
B
Plan

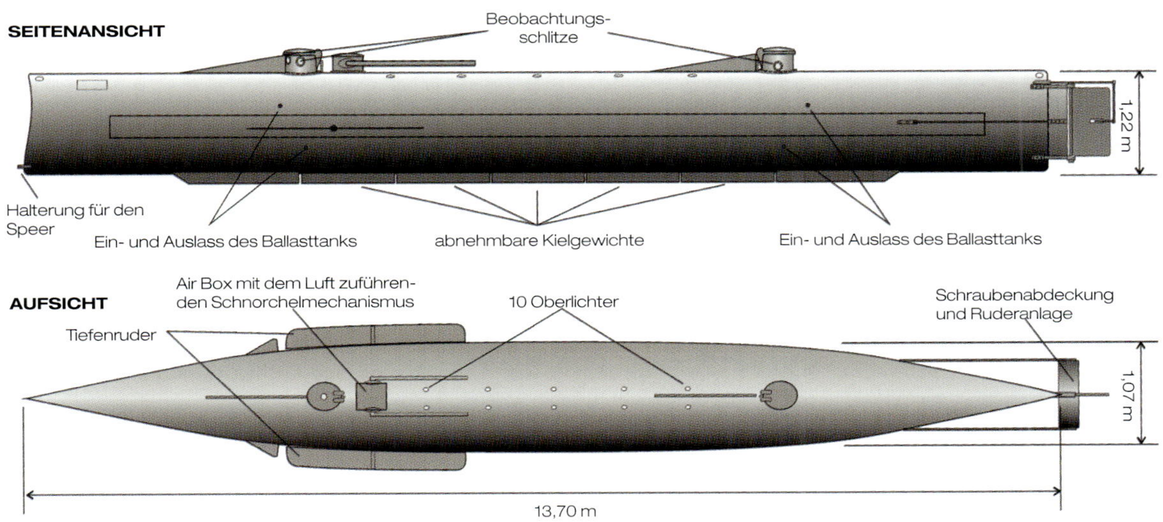
SEITENANSICHT
Beobachtungs-
schlitze
1,22 m
Halterung für den
Speer
Ein- und Auslass des Ballasttanks
abnehmbare Kielgewichte
Ein- und Auslass des Ballasttanks
AUFSICHT
Air Box mit dem Luft zuführen-
den Schnorchelmechanismus
10 Oberlichter
Schraubenabdeckung
und Ruderanlage
Tiefenruder
1,07 m
13,70 m

Dann bohrte sich der stachelartige Kopf des Torpedos in die hölzernen Planken des feindlichen Schiffes. Wahrscheinlich stimmte die ganze Mannschaft ein begeistertes Gebrüll an, denn dies war der Lohn endloser Tage der Ausbildung und Übung. Die *Hunley* kam ruckartig zum Stillstand. Sofort versuchten die schwitzenden Seeleute, die Schiffsschraube umzusteuern, um ihr Boot wieder frei zu bekommen.

Ein Besatzungsmitglied der *Housatonic*, Ensign [Fähnrich zur See] Charles Craven, erinnerte sich: »Ich hörte, wie der Offizier vom Dienst den Befehl gab: ›Alle Mann auf Gefechtsstation!‹ Ich lief an Deck und sah auf der Steuerbordseite des Schiffs in etwa zehn Meter Entfernung etwas im Wasser schwimmen, auf das der Captain und der Erste Offizier feuerten. Auch ich gab zwei Schüsse aus meinem Revolver darauf ab und dann noch einen dritten, als es schon unmittelbar unter der Gillung war, so dass ich mich weit hinauslehnen musste, um schießen zu können. Dann lief ich zu meiner Abteilung, die aus vier 32-Pfündern der Mittschiffs-Breitseite bestand. Dort versuchte ich, die Kanone Nummer sechs auf das Objekt zu richten, das sich jetzt vom

Der Maler Daniel Dowdey lässt den Angriff der *Hunley* auf die *Housatonic* wieder aufleben. (OBEN) Eine kurze Überprüfung der Position. (GEGENÜBER, OBEN) Nachdem sie den Torpedo in den Rumpf des Unions-Schiffes gerammt hatte, kurbelte die Mannschaft der *Hunley* in Gegenrichtung, um das Boot frei zu bekommen. (UNTEN) Durch einen Zug an der Reißleine wird der Torpedo gezündet.

Schiff zurückzog und bereits wieder um die zwölf Meter entfernt war. Ich hatte es geschafft und war dabei, die Reißleine zu ziehen, als es eine Explosion gab.«

Der Torpedo ließ das hintere Pulvermagazin der *Housatonic* detonieren, so dass eine erhebliche Druckwelle heftig gegen den stählernen Rumpf des Tauchbootes schmetterte. Nach der starken Erschütterung muss sich den Männern der Kopf gedreht haben, während sie versuchten, sich von dem unbeschreiblichen Schock und dem ohrenbetäubenden Lärm zu erholen.

Die *Housatonic* lag derweil schon tief im Wasser, tödlich getroffen rollte sie abrupt nach Backbord. Wasser strömte ins Schiff. Ensign Craven erinnerte sich: »Ich hörte so etwas wie den fernen Abschuss einer Haubitze. Das Schiff sank übers Heck, und etwa drei bis vier Minuten, nachdem dieses überflutet worden war, war auch schon das ganze Schiff untergegangen.« Die starke Unterwasserexplosion hatte dem Schiff das Heck abgerissen und dabei fünf Besatzungsmitglieder getötet.

Zum ersten Mal in der Geschichte war es damit einem Unterseeboot gelungen, ein feindliches Schiff zu versenken. Doch diesen Erfolg bezahlten Lieutenant George E. Dixon und seine Mannschaft mit dem Leben. Niemand weiß genau, was in den Stunden danach geschah. Bis das Unterseeboot im August 2000 gefunden wurde, wurden verschiedene Theorien dazu entwickelt. Einige spekulierten, die Explosion des Torpedos hätte das kleine Boot voll schlagen lassen. Ebenso kann die *Hunley* von einem anderen Unionsschiff, der USS *Canadaigua*, gerammt und unter Wasser gedrückt worden sein. Vielleicht waren die raue See und das sich verschlechternde Wetter einfach zu viel für die erschöpfte Crew. Was auch immer sich abgespielt haben mag, das Tauchboot und seine Besatzung erreichten niemals den sicheren Hafen von Battery Marshall.

(LINKS) Während die *Housatonic* sinkt, unterbricht das siegreiche Boot der Konföderierten kurz seine Fahrt, um den Triumph zu genießen. Dowdey unterstützt in seinen Gemälden die heutige Theorie, dass das Unterseeboot sowohl den Angriff auf die *Housatonic* als auch den Beschuss durch Offiziere des sinkenden Schiffs überlebte. Diese Theorie stützt sich auf Augenzeugenberichte von Überlebenden der *Housatonic*, denen zufolge man das Boot zuletzt abdrehen und Kurs auf die Küste nehmen sah. (GEGENÜBER) Dowdeys romantisierende Darstellung der *Hunley* am Grund des Hafens.

Sowohl die *Hunley* als auch die *Housatonic* ruhten mehr als ein Jahrhundert ungestört und nur wenige hundert Meter voneinander entfernt auf dem Meersgrund vor Charleston. Der hölzerne Rumpf der Kriegsslup löste sich schon bald auf, doch die Stahlkonstruktion der *Hunley* überdauerte die Zeit.

Im Jahre 1991 finanzierte der Schriftsteller Clive Cussler zwei Expeditionen, die mit Protonenmagnetometer und Metalldetektoren nach dem verschollenen Unterseeboot der Konföderierten suchen sollten. Das Team ortete das Wrack 1995 tief im Schlamm des Hafens von Charleston. Das Boot lag auf der Seite, und sein Vorluk war immer noch von innen verriegelt. Statt des linken Beobachtungsfensters gähnte nur noch ein klaffendes Loch, möglicherweise war es während der letzten verzweifelten Augenblicke herausgeschossen worden. Als einer der Taucher der Expedition, Ralph Wilbanks, durch die Fensterhöhle griff, stellte er fest, dass das Boot vollständig mit Schlick gefüllt war, was die Hoffnung der Forscher erhöhte, dass sie das Innere gut konserviert vorfinden würden. Wilbanks fand auch das Backbord-Tiefenruder. Der Schnorchelmechanismus befand sich in der »Oben«-Stellung, obwohl die rund einen Meter zwanzig langen Atemluftrohre an den Rohrknien abgebrochen waren. Sie waren mit Rückschlagklappen versehen, die sich schlossen, wenn das Boot tauchte.

Im August des Jahres 2000 durchbrach die *Hunley* nach mehr als 130 Jahren zum ersten Mal wieder die Wasseroberfläche. Um das tonnenschwere Unterseeboot heben zu können, hatten Taucher 32 Bergegurte um

den sand- und wassergefüllten Rumpf gelegt. Die an einem Stahlrahmen befestigten Gurte hielten das Boot im Gleichgewicht, während es von einem Kran an die Oberfläche gezogen wurde. Der Rumpf wurde dabei mit luftgefüllten Schaumstoffkissen gestützt.

Im Warren Lasch Conservation Center auf dem Navy-Stützpunkt von Charleston wurde die *Hunley* dann einer pedantisch genauen Untersuchung unterzogen. Und ihre rostigen Überreste enthüllten einen wahren Schatz an Geheimnissen. So stellte sich das Unterseeboot als erheblich fortschrittlicher heraus, als bis dato angenommen, weshalb einige Ansichten über das technische Können der Südstaaten revidiert werden mussten. Auch die Überreste des größten Teils der acht Mann Besatzung der *Hunley* wurden, zusammen mit einer

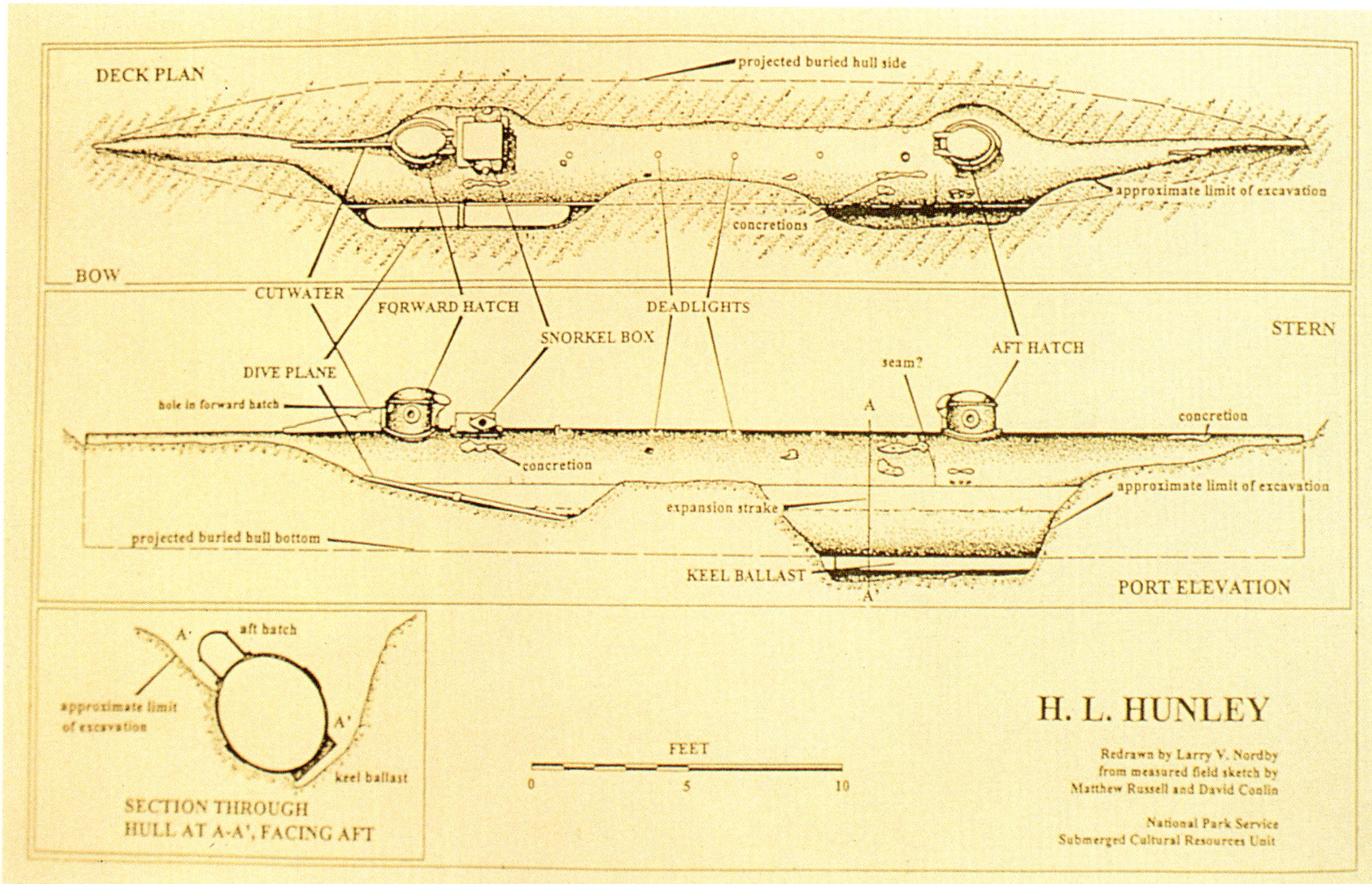

(GEGENÜBER) Eine Zeichnung zeigt die Lage der *Hunley* auf dem Meeresboden. (UNTEN, RECHTS) Das vordere Luk und Süll der *Hunley* während der Untersuchungen von 1996. (UNTEN, LINKS) Mitglieder der Bergungsmannschaft.

Reihe von Teilen der Kleidungsstücke und Ausrüstungsgegenstände, gefunden und identifiziert. Die toten Besatzungsmitglieder befanden sich alle auf ihren Positionen, was den Schluss zuließ, dass es keinen panischen Versuch gegeben hatte, das Boot zu verlassen. Nachdem die *Housatonic* versenkt war, hatte das Unterseeboot abgedreht, seinen Erfolg an die Küste signalisiert und war anschließend einfach verschwunden.

Die Archäologen durchforschten das Boot systematisch und überprüften und identifizierten jedes noch so kleine Bruchstück. Beispielsweise ist man sich von einer verbogenen Goldmünze sicher, dass sie dem Kommandanten, Lieutenant George E. Dixon, gehörte, für den sie eine ganz besondere Bedeutung hatte. Angeblich bewahrte ihn diese Zwanzigdollarmünze, die ihm seine Freundin Queenie Bennett geschenkt hatte,

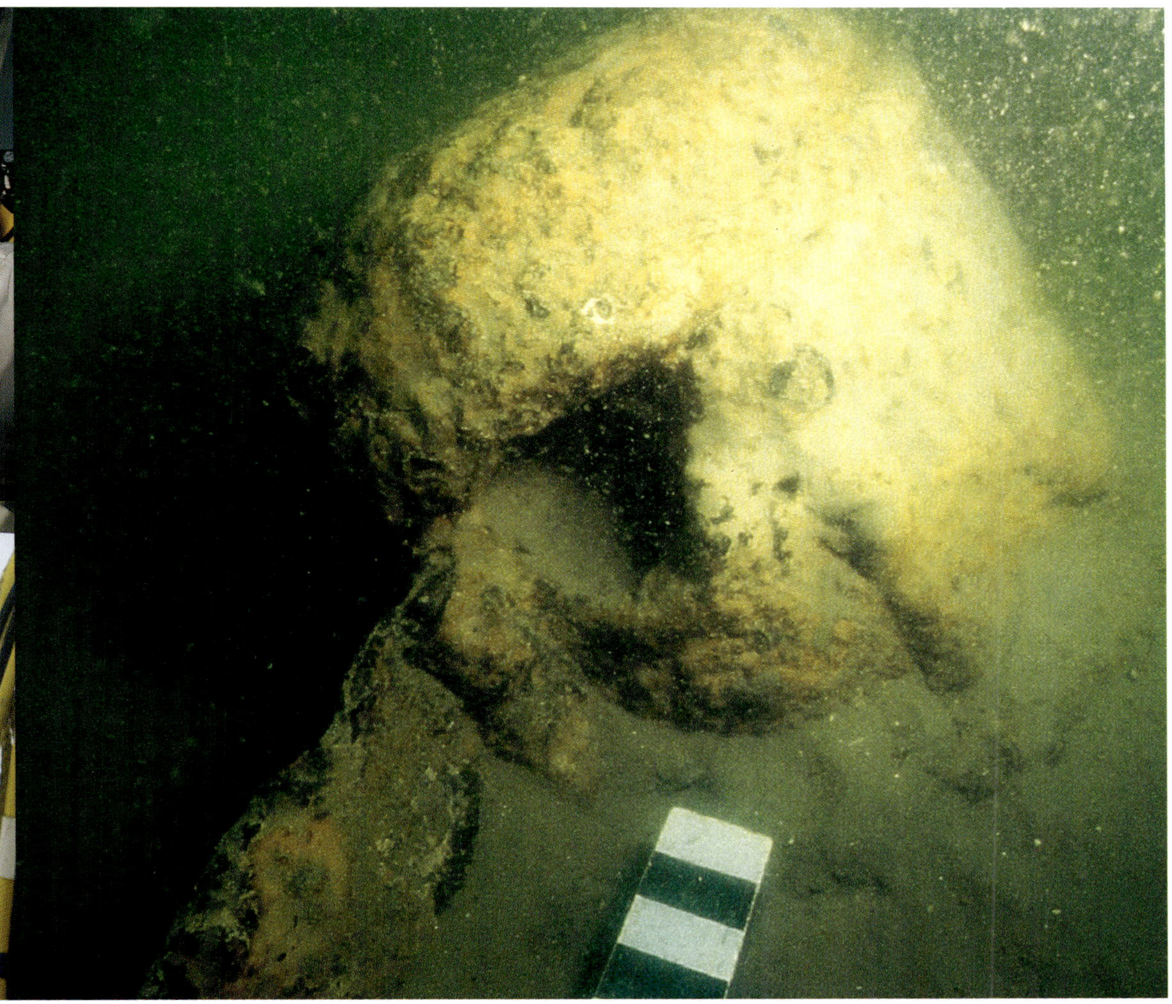

im April 1862 vor einer schweren Verwundung, möglicherweise sogar vor dem Tod, als sie eine Kugel aus dem Gewehr eines Unionssoldaten aufhielt. Nach diesem Vorfall ließ Dixon die Zeilen *Shiloh, 6. April 1862. Mein Lebensretter/G. E. D.* in die deformierte Münze gravieren.

Ein anderer interessanter Gegenstand ist eine Medaille der Unionstruppen. Aus Kupfer oder Bronze hergestellt, trägt sie den Namen eines Soldaten aus Connecticut, der nachweislich im Juli 1863 bei einem Angriff auf Battery Wagner in South Carolina ums Leben kam. Zu dieser Zeit wurden noch keine so genannten »Hundemarken« an Unionssoldaten ausgegeben. Folglich trugen viele von ihnen eigene Medaillons bei sich, anhand derer ihre Leichname identifiziert werden konnten, wenn sie in der Schlacht fielen. Das Medaillon, das man an Bord der *Hunley* fand, trägt auf der einen Seite ein Abbild George Washingtons, während auf der anderen Seite der Name des Soldaten, Ezra Chamberlin, und dessen Einheit, die Company K des 7. Regiments der Connecticut Volunteers, ein-

Bilder des Unterwasser-Fotografen Brian Skerry von der *Hunley*.
(Oben) Die verkrusteten Überreste der Schiffsschraube des Unterseeboots.
(Rechts) Leuchtend gelbe Schaumsäcke, die mit Gurten verbunden sind, halten den zerbrechlichen Rumpf.

Die Hebung eines zerbrechlichen **Rebellen**

Taucher hoben einen Bereich von etwa12 Meter Breite und 40 Meter Länge aus, um das Oberdeck freizulegen. Dann wurden zwei mächtige, eigens konstruierte Saugrohre hinabgelassen und im Sediment an beiden Enden in Position gebracht.

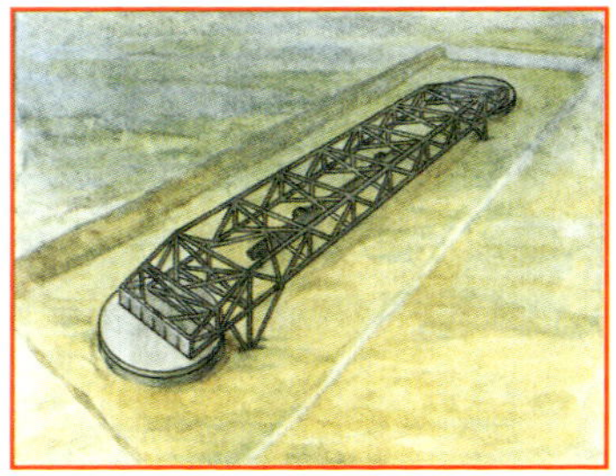

Der Bergerahmen wurde mit schwerem Hebegerät zum Wrack abgesenkt. Taucher dirigierten ihn in eine Position, in der die *Hunley* komplett abgedeckt war, und begannen dann damit, ihn vorsichtig mit Messern ins Sediment einzugraben.

Die Taucher legten den Rumpf frei, indem sie einen Abschnitt nach dem anderen bearbeiteten, um so dessen Zustand feststellen zu können. Unter jeden Abschnitt wurde dann ein 30 Zentimeter breiter Gurt mit Ketten zur Längenjustierung an den Enden geführt.

Nachdem alle Bergegurte in Position gebracht waren, wurde Schaum in die Säcke geleitet, die an jedem der Gurte angebracht waren. Diese stabilisierten das Schiff. Spanngurte zurrten das Boot in seinem Käfig fest und verhinderten, dass es sich während des Hebevorgangs bewegte.

graviert sind. Offenbar trug der Steuermann der *Hunley* diese Medaille in der Größe eines Halbdollarstückes um den Hals. War sie also ein Souvenir vom Schlachtfeld? Vielleicht hatte Chamberlin sterbend das Medaillon einem Matrosen der Konföderierten mit der Bitte gegeben, seine Familie zu unterrichten? Oder war dieser Chamberlin ein Abtrünniger der Unionsarmee, der an Bord der *Hunley* den Tod fand? Vielleicht handelte es sich bei ihm sogar um einen Spion, der die Absicht hatte, das Unterseeboot zu sabotieren?

Die Forscher arbeiteten sich vom Heck des Bootes nach vorn und überprüften jedes noch so kleine Fragment, das sie fanden. Dazu gehörten unter anderen auch ein Totenschädel und etwas, was wohl einmal zu einem Blasebalg gehört hatte. Man glaubt, dass solche Blasebalge dazu verwendet wurden, um frische Luft durch die Schnorchelrohre ins Boot zu saugen. »Es sieht so aus, als handele es sich dabei um zwei durch Leder verbundene Holzstücke«, sagt der Projektleiter Bob Neylend. Die sterblichen Überreste der Besatzungsmitglieder befanden sich genau an den Positionen, wo sie sein sollten. Das lässt den Schluss zu, dass es kein Gerangel in der Absicht gab, das Boot zu verlassen.

Nachdem die *Housatonic* versenkt war, drehte das Unterseeboot ab, signalisierte seinen Erfolg an die Küste und verschwand anschließend.

Im Boot wurden eine ganze Reihe von Überresten entdeckt, zu denen auch eine überkrustete Laterne gehörte. Nach der Reinigung wurde sie von den Forschern geröntgt. Neyland sagt, dass sie noch nicht wüssten, womit die Laterne gefüllt gewesen sein mag, doch es etwas gewesen sei, »das für die damalige Zeit einzigartig und hoch entwickelt gewesen sein muss …«

Die Forschungsarbeiten an den Überresten der *Hunley* dauern an, und es wird sicherlich noch einige Zeit dauern, bis die ganze Geschichte dieses bemerkenswerten Kapitels in der Geschichte der Unterseeboot-Entwicklung erzählt werden kann.

© Friends of the Hunley

(GEGENÜBER) Die *Hunley* hängt hier über dem eigens konstruierten Konservierungstank aus Metall.
(OBEN) Die Archäologin Maria Jacobsen hält eine Goldmünze mit Gravur in Händen, die im Inneren des Unterseebootes gefunden wurde. Die verbogene 20-Golddollar-Münze (RECHTS) gehörte Lieutenant George E. Dixon, und ihre Entdeckung bestätigte endgültig, dass sich Dixon an Bord befunden hatte.

Die Hunley bekommt ein **menschliches Gesicht**

Das einzige Foto, das über lange Zeit dem Kommandanten des unglückseligen Unterseebootes ein Gesicht verlieh, zeigt nicht Lieutenant George E. Dixon. Im Oktober 2001 erklärte die Hunley-Kommission, dass der Abzug von der Fotoplatte (LINKS), der der Kommission von der Urenkelin Queenie Bennets, der Freundin Dixons, zur Verfügung gestellt worden war, von Fotofachleuten wie von Museums-Experten gründlich untersucht worden sei. Die Kleidung und das Mobiliar, das auf dem Foto erkennbar ist, seien sorgfältig überprüft worden und auf die Zeit *nach* dem Bürgerkrieg (1861–1865) datiert worden. Die *Hunley* sank jedoch bereits 1864.

Glücklicherweise befand sich Dixons Schädel unter den Überresten, die geborgen werden konnten. Mit modernster Technik werden Archäologen und Konservatoren anhand des Schädels Dixons Gesichtszüge rekonstruieren. Das Gleiche soll mit den sieben anderen Schädeln geschehen, die aus dem Wrack geborgen werden konnten. Auch zahlreiche andere Überreste konnten aus dem mit Sediment gefüllten Schiff ausgegraben werden. Dazu gehört eine mysteriöse Medaille aus Kupfer (RECHTS, OBEN), die den Namen eines Freiwilligen der Nordstaatenarmee trägt, möglicherweise eines Spions an Bord der *Hunley*, sowie einige Knöpfe (RECHTS, UNTEN), ein Stiefel, ein Bleistiftstummel und eine Pfeife (UNTEN).

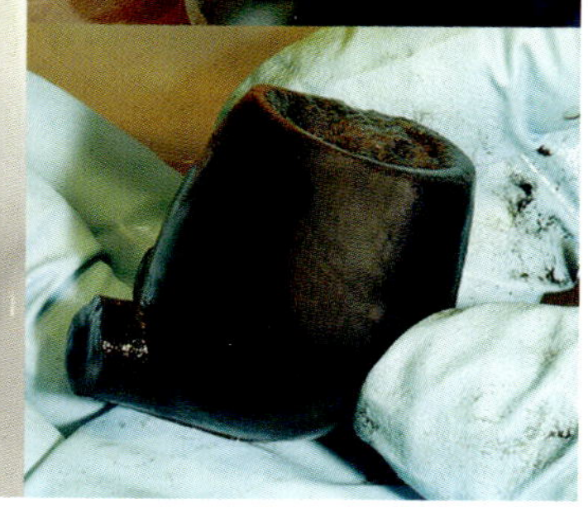

Weshalb sank die Hunley?

Seit der Hebung der *Hunley* aus dem schlammigen Grund des Hafens von Charleston haben Historiker eine Menge über die Bauweise und Einsatzmöglichkeiten des Unterseebootes der Konföderierten erfahren. Doch die Antwort auf die Frage, was letztendlich ihr Sinken verursachte, verbleibt im Dunkel.

Man fand das Wrack in Richtung auf seinen Stützpunkt Sullivan Island liegend vor. Das legt nahe, dass das Boot die Versenkung der *Housatonic* tatsächlich überlebte und sich auf Heimatkurs befand. Die übereinstimmenden Aussagen von Augenzeugen der Zeit berichten von einem Blaufeuer in Höhe der Wasseroberfläche. Genau dies war das abgesprochene Signal, das die *Hunley* nach dem Angriff an die Artillerie-Batterie auf der Insel geben sollte. Dieses Signal sollte dann ebenfalls mit einem Blaufeuer beantwortet werden und dem Unterseeboot gleichzeitig als Navigationshilfe dienen.

Die einzige bislang bekannte Beschädigung ist das fehlende Glas in der linken Beobachtungskuppel des vorderen Turms, das möglicherweise durch den Beschuss aus Handwaffen zu Bruch ging, der von der *Housatonic* auf das Unterseeboot einprasselte. Lief die *Hunley* dann auf dem Weg nach Hause voll? Oder ging das Glas erst während der langen Jahre, die sie auf Grund lag, in die Brüche? Bislang haben die Archäologen jedoch keine Glassplitter im Sediment finden können, das sich im Turm abgesetzt hatte, wodurch die Theorie bestärkt wird, dass die Backbordkuppel *vor* dem Sinken beschädigt worden sein muss.

Eine andere Theorie geht von der Achillesferse der *Hunley*, ihren vorderen und hinteren Ballasttanks, aus. Diese hatte man merkwürdigerweise so konstruiert, dass ihre Oberseite zum Innenraum des Unterseebootes hin offen blieb. Bei heftiger Krängung des Bootes dürfte also zwangsläufig Wasser aus diesen Tanks in den Bereich des Mannschaftsraumes gedrungen sein. Vielleicht wurde die *Hunley* durch das Nachbeben der Explosion der *Housatonic* oder aber, wie manche Historiker vermuten, durch den Rammstoß der *Canandaigua*, eines anderen Kriegsschiffs der Nordstaaten, derart durchgeschüttelt, dass Wasser aus den Tanks in den Innenraum schwappte. Unter der Wasseroberfläche gefangen und nach unten getrimmt, dürfte kaum eine Chance bestanden haben, das eindringende Wasser zu lenzen oder den Trimm zu korrigieren. Wahrscheinlich hat die Besatzung wie wild gekurbelt, um an die Wasseroberfläche zurückzukommen oder wenigstens das Boot in Vorwärtsbewegung zu halten, um genug Atemluft durch die Schnorchel ins Innere zu leiten. Doch der Sauerstoff wurde immer knapper… Irgendwann setzte die *Hunley* dann ganz sanft auf dem Grund auf.

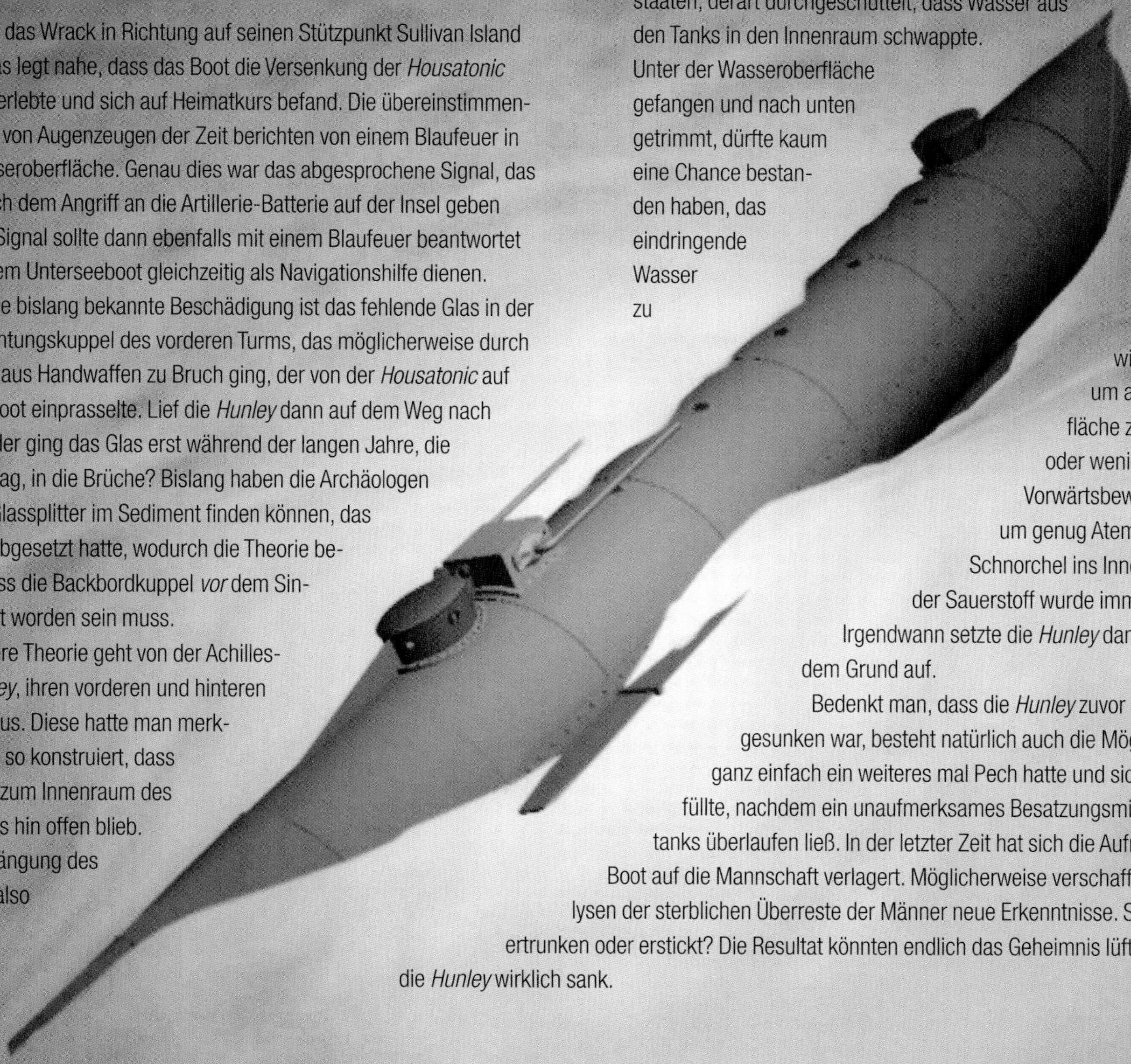

Bedenkt man, dass die *Hunley* zuvor schon zweimal gesunken war, besteht natürlich auch die Möglichkeit, dass sie ganz einfach ein weiteres mal Pech hatte und sich mit Wasser füllte, nachdem ein unaufmerksames Besatzungsmitglied die Ballasttanks überlaufen ließ. In der letzter Zeit hat sich die Aufmerksamkeit vom Boot auf die Mannschaft verlagert. Möglicherweise verschaffen uns die Analysen der sterblichen Überreste der Männer neue Erkenntnisse. Sind sie nun ertrunken oder erstickt? Die Resultat könnten endlich das Geheimnis lüften, weshalb die *Hunley* wirklich sank.

Kapitel 3: **Das Unterseeboot wird erwachsen**

In der zweiten Hälfte des 19. Jahrhunderts begannen die Seestreitkräfte auf der ganzen Welt, das Unterseeboot als Waffe in Betracht zu ziehen. Diese Tauchboote mochten schmutzig und gefährlich sein, stinken und jeglicher Eleganz entbehren, doch niemand konnte die Vorteile in Abrede stellen, die sie boten.

Bis zu diesem Zeitpunkt war die militärische Weiterentwicklung des Unterseebootes durch das Fehlen einer adäquaten Waffe behindert worden. Das Nachschleppen mit Sprengstoff gefüllter Fässer war alles andere als effizient. Und der so genannte Speer-Torpedo, also eine an einem langen, harpunenartigen Pfahl befestigte Sprengladung, die in ein feindliches Schiff gerammt werden sollte, war für das Unterseeboot mindestens ebenso gefährlich wie für das Angriffsziel.

Zu Beginn der 60er Jahre des 19. Jahrhunderts bahnte sich eine grundlegende Neuerung an: Der Kapitän der österreichischen K.u.k.-Marine, Giovanni Luppis, nahm mit dem englischen Ingenieur Robert Whitehead Kontakt auf, der damals als Angestellter einer Firma für Schiffstechnik in Fiume (dem heutigen Rijeka, Slowenien) arbeitete. Die Österreicher versuchten, ein Sprengstoff tragendes Motorboot zu entwickeln, und beauftragten Whitehead, eine Fernsteuerung dafür zu konstruieren. Whitehead ließ das Projekt schon bald als nicht realisierbar fallen, doch war ihm bei der Arbeit daran der Gedanke gekommen, ein »automobiles Torpedo«, also eine sich selbst fortbewegende Waffe zu bauen. 1866 war sein erstes Modell fertig. Es wurde von einem mit Pressluft arbeitendem Zwei-Zylinder-Motor angetrieben und erreichte auf knapp 200 Metern eine Geschwindigkeit von etwa sechs Knoten (ca. 11 km pro Stunde). Weitere Modelle folgten.

Auf Einladung der Royal Navy reiste Whitehead 1870 nach Großbritannien. Nachdem Vertreter der Admiralität Zeugen von über einhundert Tests gewesen waren, die ihren Höhepunkt in der Versenkung eines ausgedienten Kriegsschiffes fanden, erhielt Whitehead den Auftrag für die Lieferung der Torpedos. Im darauf folgenden Jahr begann die britische Regierung in den Royal Laboratories in Woolwich mit der lizenzierten Produktion.

Reverend George Garrett (Bildmitte mit seinem Kind) und seine Mannschaft nach Abschluss der Bauarbeiten an Bord der *Resurgam*. Dieses erste Unterseeboot der Welt, das über einen Maschinenantrieb verfügte, ging im Jahre 1880 vor der Küste von Wales bei einer Schleppfahrt verloren.

Obwohl Whitehead auch ein Rohr entwickelt hatte, aus dem seine Torpedos abgeschossen werden konnten, hatte er sie nicht unbedingt als Unterseeboot-Waffe konzipiert, sondern vielmehr als landgestütztes Waffensystem, mit dem Häfen gegen Angriffe geschützt werden sollten. Dennoch hatte er den größten Anteil daran, dass das Unterseeboot zur kriegstauglichen Waffe wurde.

Die ehrgeizigen Unterseebootkonstruktionen Thorsten Nordenfelts erregten großes Interesse in der Öffentlichkeit, wie diese zeitgenössischen Illustrationen zeigen. Obwohl seine Tauchboote eher bescheidenen Erfolg hatten, als sie dann tatsächlich in die Erprobung gingen, förderten sie doch bei den Seestreitkräften aller Länder das Interesse an dem unglaublichen Potential der Unterseeboote als gefährliche Kriegswaffe.

Im Laufe der folgenden zwei Jahrzehnte bastelten zahlreiche Erfinder in allen möglichen Ländern bemerkenswert erfolglos an einer Vielzahl von Unterseebooten. Da gab es zum Beispiel den britischen Geistlichen George W. Garrett. Seine Experimente mit dem Boot *Resurgam* (lateinisch für »Ich möge wieder auftauchen«) brachten ihm einen Bauauftrag für zwei Unterseeboote und eine Bestallung in der osmanischen Marine ein. Oder den skandinavischen Erfinder Thorsten Nordenfelt, der großes Aufsehen erregte, als er 1887 bei der Flottenparade zu Queen Victorias goldenem Thronjubiläum ein über 38 Meter langes Unterseeboot vorstellte. Er verkaufte das Boot noch vor Ort an die Russen, doch als es vor Jütland auf Grund lief, fiel das Geschäft buchstäblich ins Wasser.

Im Laufe der 80er und 90er Jahre des 19. Jahrhunderts schrieb die US-amerikanische Regierung einen Konstruktionswettbewerb für Unterseeboote aus. Obwohl eines der vorgestellten Unterseeboote, die *Argonaut* von Simon Lake, recht fortschrittlich konstruiert war (es verfügte bereits über einen Schnorchel und Räder, auf denen es sich über den Meeresboden fortbewegen sollte), gab die US-Marine mehrfach den Entwürfen John P. Hollands den Vorzug.

John Holland ist sicher die herausragende Persönlichkeit in der Geschichte der Unterseeboot-Entwicklung. Wie viele seiner Kollegen war auch er 1873 aus Irland nach Amerika ausgewandert, um von dort aus das

Simon Lakes Argonaut

Im Gegensatz zu den meisten anderen Erfindern seiner Zeit, hatte Simon Lake (RECHTS) kein Interesse an den militärischen Verwendungsmöglichkeiten der Unterseeboote. Sein erstes funktionsfähiges Boot, die *Argonaut* (OBEN UND LINKS), war nach einer Tintenfischart benannt, die sich nicht nur an und unterhalb der Meeresoberfläche, sondern auch auf dem Meeresboden bewegen kann. Die knapp elf Meter lange, 1897 in Baltimore gebaute *Argonaut* hatte einen 30 PS starken Benzinmotor und drei Räder, mit denen sie sich auf verschiedenen Untergründen bewegen konnte. 1898 unternahm Lake zusammen mit fünf Mann Besatzung eine Testfahrt in die Chesapeake Bay sowie entlang der Atlantikküste und sammelte dabei Fische, Muscheln und Austern, die durch die Taucherkammer an Bord geholt wurden. Die *Argonaut* war das erste von vielen Unterseebooten, die Lake im Laufe seiner langen, glänzenden Laufbahn für friedliche Verwendungszwecke baute.

Seinige zur Befreiung seines Heimatlandes von der britischen Herrschaft beizutragen. 1878 baute er mit Mitteln der Fenian Brotherhood, eines irischen Geheimbundes, der die gewaltsame Lösung Irlands von Großbritannien betrieb, die *Fenian Ram*. Zwar favorisierte er dabei zunächst den Handkurbelantrieb, entschied sich jedoch schon bald für die Verwendung des erst kurz zuvor von Brayton entwickelten und 15 PS leistenden Benzinmotors. Neben einer mit Luftdruck betriebenen Kanone wiesen dieses und die folgenden Boote Hollands Neuerungen auf, die sich bis in die heutige Zeit gehalten haben. Dazu gehörten auch die kurzen Tiefenruder am Turm. Die Beziehung Hollands zur Fenian war jedoch nur von kurzer Dauer, und 1893 gründete er seine Holland Torpedo Boat Company.

Als er im selben Jahr die Ausschreibung für den Bau eines Unterseebootes gewann, folgte er widerwillig der Vorgabe der U. S. Navy, eine Dampfmaschine als Antriebsaggregat einzubauen. Nach der Fertigstellung des Prototyps zeigte sich die Unmöglichkeit eines solchen Vorhabens in der Praxis. Statt dessen baute er die *Holland VI*, bei der er weitere Innovationen verwirklichte, die in weiterentwickelter Form auch heute noch Bestand haben: ein Batterie getriebener Elektromotor für die Unterwasserfahrt in Kombination mit einem Verbrennungsmotor für die Fahrt an der Wasseroberfläche und Sicherheitstauchzellen, die ein Notauftauchen ermöglichen sollten und die selbst auf den Atomunterseebooten von heute noch zu finden sind. Am 11. April 1900 kaufte die U. S. Navy schließlich die *Holland VI*, die inzwischen auch noch über ein Torpedorohr verfügte, aus dem die Standard-Whitehead-Torpedos abgefeuert werden konnten. Der Preis, den er dafür erzielte, deckte dabei gerade eben seine Investitionskosten. Als er jedoch vier Monate später den Bauauftrag für sechs weitere solcher Boote bekam, begann der Bau von Unterseebooten für Holland rentabel zu werden.

Seine Boote erwiesen sich anfangs zwar noch als unhandlich und kompliziert in der Bedienung, andererseits aber auch als sehr effizient. Sie können als die einzigen und wirklichen Vorläufer der Tauch- und Unterseeboote der heutigen Zeit angesehen werden.

Trotz aller Fortschritte waren die Unterseeboote bei der Royal Navy am Ende des 19. Jahrhunderts weiterhin äußerst unbeliebt. Viele Offiziere schreckten davor zurück, auf einem dieser hässlichen, stinkenden Kästen zu dienen, obwohl die Navy dafür eine Zulage zum Sold bot. Der hoch dekorierte alte Seebär Admiral Sir Arthur Wilson verurteilte das Unterseeboot als »unhandlich, un-fair und verdammt un-englisch«. Dementsprechend empfahl er, im Krieg gefangen genommene Besatzungen von Unterseebooten ohne Gerichtsverfahren einfach aufhängen zu lassen. Sir John »Jackie« Fisher, der charismatische First Sea Lord Großbritanniens und Vater des modernen Schlachtschiffs, drückte sich etwas moderater aus. Er erklärte, dass mit dem Unterseeboot »eine Revolution drohend ins Haus« stehe. Es zeigte sich bald, dass er Recht hatte.

(OBEN) John Holland in der Fluchtluke der *Holland VI*. (GEGENÜBER, OBEN) Die *Holland VI*, ein entscheidender Fortschritt bei der Konstruktion von Unterseebooten, bereitet sich auf die Probefahrten für die US-Marine vor. (RECHTS) Eines der frühen Unterseeboote Hollands. (DARUNTER) Die *Plunger*.

John Holland, der Unterseeboot-Pionier

John Holland hatte bereits an drei Ausschreibungen der US-Marine teilgenommen, bevor er schließlich im Jahre 1895 den Auftrag für ein 26 Meter langes, dampfgetriebenes Unterseeboot, die *Plunger*, erhielt. Doch Holland war über die Vorgabe, eine Dampfmaschine einzubauen zu müssen, alles andere als glücklich, und seine schlimmsten Befürchtungen gingen auch prompt in Erfüllung. Nach dem Stapellauf im Jahre 1897 erzeugte der Dampf eine derartige Hitze im Innenraum, dass sich die Besatzung dort nicht aufhalten konnte. Umbauten schlugen fehl, so dass sich die US-Marine schließlich im April 1900 dazu entschloss, Hollands neues Boot, die *Holland VI*, zum Preise von $ 150 000 zu beschaffen. Als USS *Holland* wurde es ihr erstes Unterseeboot.

Die Bergung der **Holland I**

Um 1900 konnte auch die Royal Navy diese »verdammt un-englische Waffe« nicht länger ignorieren. Streng geheim vergab sie daher den Auftrag für fünf Unterseeboote, deren Entwurf auf einer Lizenz von John Holland beruhte. Mit dem Stapellauf des ersten Unterseebootes, der *Holland I*, im Jahre 1903 trat auch die Royal Navy in das Zeitalter der Unterseeboote ein. 1913 sank die *Holland I*, im Schlepp befindlich, im Plymouth Sound. 1981 wurde das Wrack entdeckt und gehoben. Heute ist es im Royal Navy Submarine Museum in Gosport, Hampshire, ausgestellt.

(Gegenüber) Die gehobene *Holland I*. (Unten) Das Boot nach der Bergung. V. l. n. r.: im Schwimmdock; Torpedorohr; Schiffsschraube; im Innern Blickrichtung Heck.

Kapitel 4: **Die Schlacht unter der Meeresoberfläche**

Die junge deutsche U-Boot-Flotte mauserte sich schnell zur wirksamsten Waffe der Kriegsmarine. Der Marinemaler Claus Bergen hielt ihre Heldentaten in einer Serie von berühmt gewordenen Bildern fest, zu denen auch das auf der linken Seite gehört.
(RECHTS) Ein deutsches Propaganda-Plakat.

Der erste Wachoffizier der SM *U-9,* Johannes Spieß, rief nach dem Kommandanten, Kapitänleutnant Otto Weddigen, der gerade das Frühstück einnahm. Da sei etwas, das er sich unbedingt ansehen müsse.

Mit einem Blick durch das Sehrohr entdeckte Weddigen die britischen Kreuzer *Aboukir, Cressy* und *Hogue.* Zwar waren alle drei Schiffe schon älterer Bauart, aber jedes verdrängte um die 12 000 Tonnen. Langsam dampften sie vor der holländischen Küste dahin, als befänden sie sich auf einer sonntäglichen Kaffeefahrt in Friedenszeiten. Eine Eskorte war nicht in Sicht. Der Kommandant des deutschen U-Bootes konnte sein Glück kaum fassen. Sofort befahl er die Mannschaft auf Gefechtsstation.

Da das Boot getaucht nur geringe Fahrt machte, brauchte der Kommandant mehr als eine halbe Stunde, um es in Angriffsposition zu bringen. Endlich hatte er einen der britischen Kreuzer im Visier. Um 6.20 Uhr feuerte er aus einer Entfernung von weniger als 500 Metern einen einzigen Torpedo auf die *Aboukir.* Dreißig Sekunden später erschütterte eine gewaltige Explosion den Ozean. Der alte Kreuzer schwankte wie ein von einer Haubitzengranate getroffener Elefant und begann sogleich, mit dem Heck voraus zu sinken. Die Besatzungsmitglieder der *U-9* jubelten.

Weddigens Augen weiteten sich, als er die Szene durch das Sehrohr beobachtete. Der zweite Kreuzer, die *Hogue*, schoss heran, um die Überlebenden der *Aboukir* aufzunehmen. Die britischen Seeleute hatten das Sehrohr der *U-9* nicht entdeckt! Wahrscheinlich gingen sie davon aus, der Kreuzer sei auf eine Mine gelaufen. Um 6.55 Uhr löste Weddigen zwei weitere Torpedos, die beide die kaum 300 Meter entfernte *Hogue* trafen. Das Schiff schien regelrecht zusammenzuzucken, als die Torpedos explodierten. Minuten später war die See ein einziger Albtraum aus verzweifelten Männern, Öl und Kohlenstaub. Spieß erinnerte sich später: »Um den grauenhaften Eindruck abzuwehren, den die ertrinkenden und um ihr Leben kämpfenden Männer vermittelten, verfluchten wir im Turm die Engländer, die es geschafft hatten, neben Japan auch ganz Europa gegen uns aufzustacheln.«

Zwölf Minuten später dampfte der dritte Kreuzer, die *Cressy*, in Reichweite, als auch sie versuchte, Hilfe zu leisten. Jetzt konnte es Weddigen wirklich kaum mehr glauben: Zwei Kreuzer versenkt, und die Briten hatten ihn immer noch nicht entdeckt! Weddigen hatte bereits weit mehr erreicht, als er zu hoffen gewagt hatte. Im Grunde gab es für ihn jeden erdenklichen Grund, sich so schnell wie möglich aus dem Staub zu machen. Die Batterien seines Bootes waren fast erschöpft, und der Himmel mochte wissen, ob nicht jeden Augenblick starke Geleitschiffe auftauchen würden.

Andererseits hatte er immer noch drei Torpedos in den Rohren, und er wusste, dass er es für den Rest seines Lebens bedauern würde, wenn er jetzt nicht versuchte, auch noch die *Cressy* zu versenken. Ohne zu zögern, brachte er das Boot in Angriffsposition und löste zwei seiner verbliebenen Torpedos. Auch diese trafen ihr Ziel. Spieß beschrieb die Szene später so: »Der Gigant mit seinen vier Schornsteinen bekam ganz langsam Schlagseite nach Backbord. Nachdem das Schiff durchgekentert war, kletterten Männer wie Ameisen auf dem breiten ebenen Kiel herum. Minuten später verschwand der Kreuzer unter den Wellen.«

an einem Tag!

»ABOUKIR«

»HOGUE«

»CRESSY«

Binnen weniger Minuten hatten 1 400 Männer ihr Leben verloren – mehr als in der Schlacht von Trafalgar. Die Seemacht Großbritannien hatte damit die größte Demütigung seit über 100 Jahren erfahren. Hinzu kam, dass dies von einem dieser »Diesel verschlingenden, Flammen speienden, rauchgeschwängerten Booten mit einer Besatzung von gerade einmal 26 Mann« bewirkt worden war. Man schrieb den 2. September 1914, und Großbritannien befand sich erst seit sieben Wochen im Krieg mit Deutschland.

Im ersten Jahrzehnt des 20. Jahrhunderts hatte die Entwicklung des Unterseeboots enorme Fortschritte gemacht. Nicht nur Großbritannien, sondern auch Frankreich, Russland und die Vereinigten Staaten hatten umfangreiche Flotten in Dienst gestellt. Deutschland begann damit erst spät, holte dann jedoch sehr schnell mit seinen U-Booten auf. [*U-Boat* ist die Kurzform für *Unterseeboote* und hat als Fremdwort Eingang in die englische Sprache gefunden, so dass dieser Begriff im Englischen automatisch und ausschließlich mit deutschen Unterseebooten identifiziert wird. Im folgenden wird *U-Boot* deshalb ausschließlich auf die deutschen Tauchboote angewendet. (A.d.Ü.)] Insgesamt wurden die Unterseeboote immer größer und verfügten über größere Reichweiten. Benzin-

»Um den grauenhaften Eindruck abzuwehren, den die ertrinkenden und um ihr Leben kämpfenden Männer vermittelten, verfluchten wir im Turm die Engländer.«

Erster Wachoffizier Johannes Spieß

(OBEN) *U-9* vor dem Hoek van Holland, dem Seegebiet, in dem die drei britischen Kreuzer versenkt wurden. (GEGENÜBER) In Deutschland priesen die Zeitungen den Angriff als heldenhafte Tat. Otto Weddigen (RECHTS) und seiner Mannschaft (DANEBEN) wurden dafür das Eiserne Kreuz verliehen.

Eine tödliche **Bedrohung**

Nur sieben Wochen bevor *U-9* seinen ersten Torpedo auf die *Aboukir* löste, hatte Deutschland zehn seiner Boote auf die erste Unterseeboot-Patrouille in der Geschichte geschickt. Hermann Bauer, der Kommandeur der deutschen U-Boote, war sich sicher, dass diese über ein enormes Angriffspotential verfügten – und der erfolgreiche Angriff auf drei britische Kreuzer bestätigte das. Auch stellten die U-Boote eine ausgezeichnete Waffe im Blockadekrieg gegen Großbritannien dar. Das Unterseeboot konnte unsichtbar im Nordatlantik patrouillieren, jederzeit bereit, Handelsschiffe mit wertvollen Gütern an Bord auf dem Weg zu englischen Häfen aus dem Hinterhalt anzugreifen. Nur das Sehrohr wies auf seine tödliche Präsenz unter der Wasseroberfläche hin.

(LINKS UND GEGENÜBER, LINKS) U-Boote auf Feindfahrt. (GEGENÜBER, RECHTS) U-Boote bei der Übernahme von Waffen und Verpflegung. (UNTEN) Aufriss der *U-9*. (LINKS) Titelblatt einer deutschen Illustrierten.

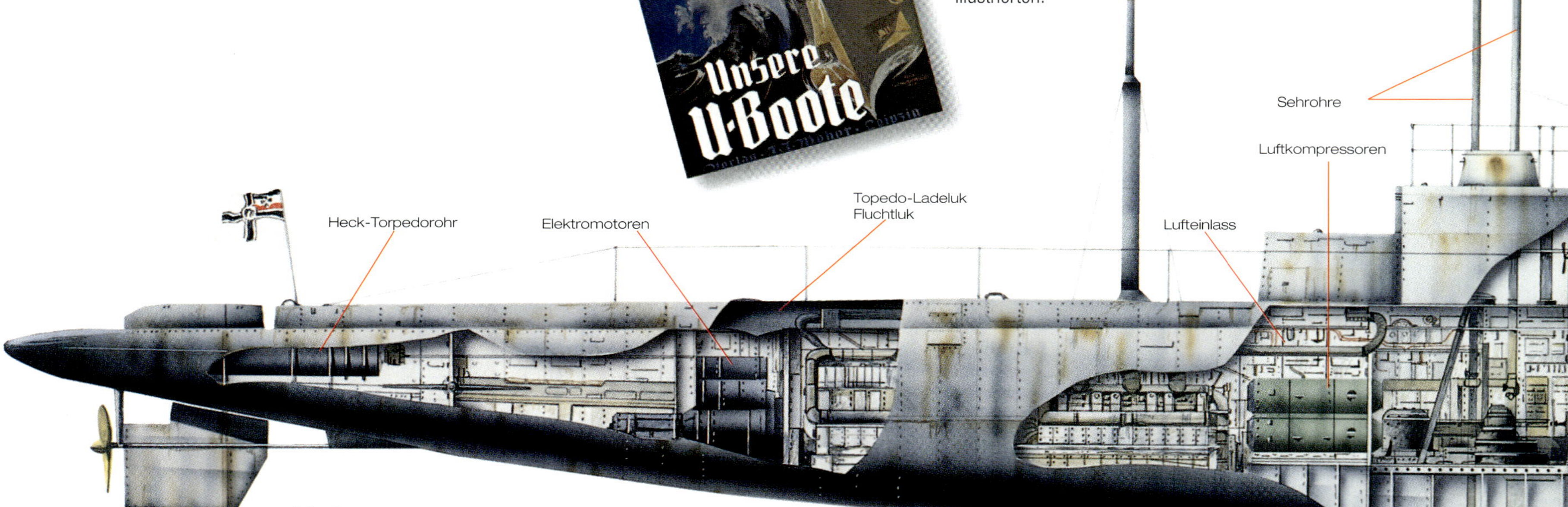

U-9 um 1915

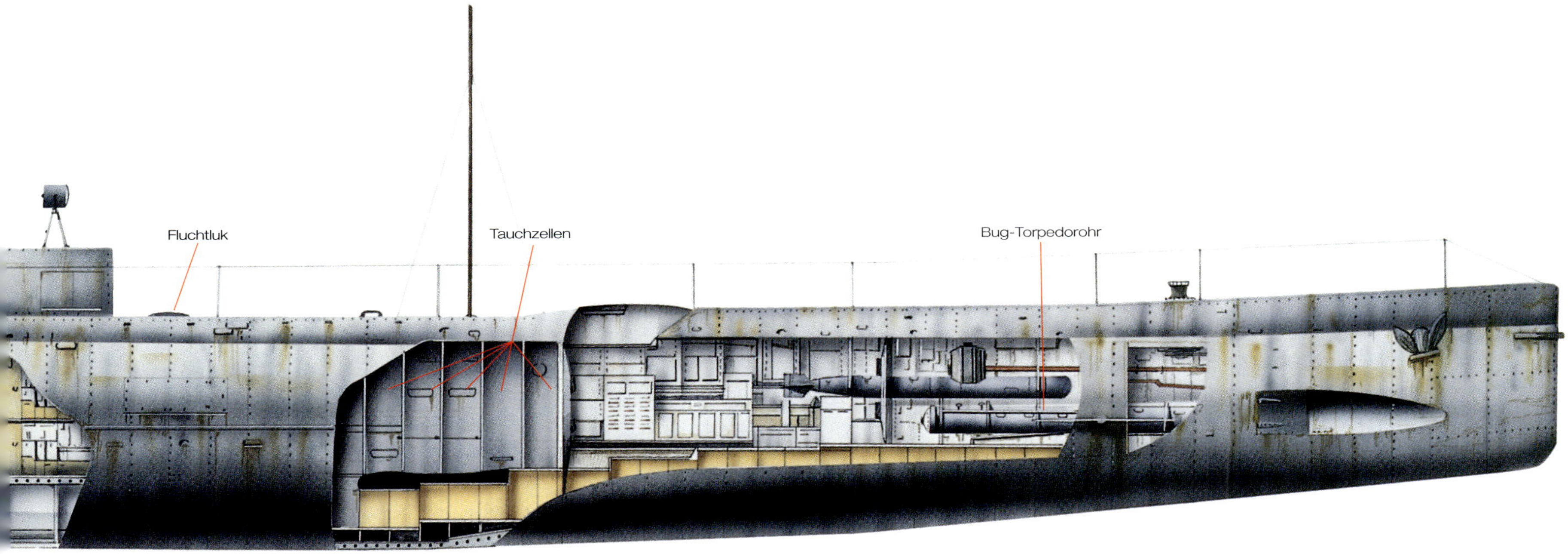
Fluchtluk
Tauchzellen
Bug-Torpedorohr

Eine mächtige Waffe wird **entfesselt**

Die deutschen Torpedos (UNTEN) verfügten über einen eigenen Antrieb. Sie zielten auf die ungeschützte Unterseite des Gegners, wo der Sprengkörper größtmöglichen Schaden anrichten konnte. Einen Torpedo abzufeuern bedeutete allerdings weit mehr, als nur das entsprechende Kommando zu geben. Das U-Boot musste sich erst in die passende Position manövrieren und dabei stets die Geschwindigkeit des Ziels und dessen Peilung berücksichtigen. Sobald die Waffe aktiviert war, wurde der von Druckluft ❷ angetriebene Torpedomotor ❶ gestartet, die Antriebsschrauben ❸ begannen sich zu drehen, und der Sicherheitsmechanismus, der den Zünder schützte, drehte sich ab ❹, wodurch der Gefechtskopf ❺ scharf gemacht wurde.

(OBEN, LINKS) Spannung in der Kommandozentrale: Das Boot ist von einem feindlichen Schiff gesichtet worden und taucht.
(OBEN, RECHTS) Ausguck auf dem Turm, um feindliche Schiffe zu erspähen.
(LINKS) Besatzungsmitglieder laden die Torpedorohre.

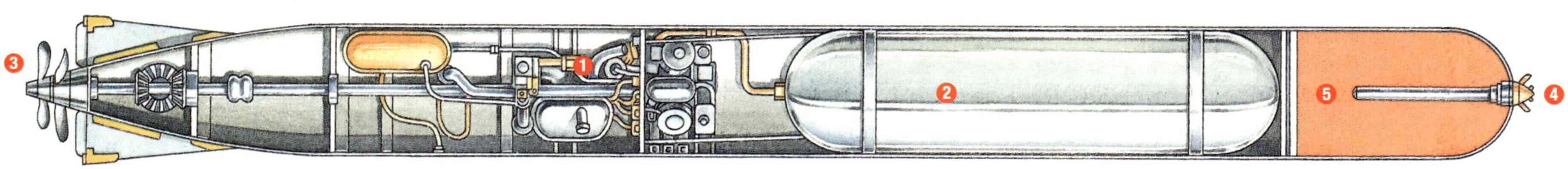

(UNTEN) Ein deutsches Plakat wirbt um Kriegsanleihen für die Blockade gegen Großbritannien. Nachdem Deutschland Schiffe im Nordatlantik verstärkt angriff, erschienen Anzeigen in den New Yorker Tageszeitungen (GANZ UNTEN), die Amerikaner vor einer Atlantiküberquerung warnten.

ADVERTISEMENT.

NOTICE!

TRAVELLERS intending to embark on the Atlantic voyage are reminded that a state of war exists between Germany and her allies and Great Britain and her allies; that the zone of war includes the waters adjacent to the British Isles; that, in accordance with formal notice given by the Imperial German Government, vessels flying the flag of Great Britain, or of any of her allies, are liable to destruction in those waters and that travellers sailing in the war zone on ships of Great Britain or her allies do so at their own risk.

IMPERIAL GERMAN EMBASSY
WASHINGTON, D. C., APRIL 22, 1915.

motoren hatten Dieselmaschinen Platz gemacht, und die Zahl der Torpedorohre hatte ebenso wie die Schlagkraft der Waffen erheblich zugenommen. Und: Unterseeboote wurden längst nicht mehr als heimlich vor Hafeneinfahrten herumschleichende »Voyeure« abgetan. Bei Ausbruch des Ersten Weltkrieges war die Denkweise der Kriegsmarine aber immer noch stark im 19. Jahrhundert verankert. Der sensationell erfolgreiche Angriff der *U-9* auf die Kreuzer *Aboukir, Cressy* und *Hogue* zeigte jedoch, dass sich diese Einstellung radikal und schnell ändern musste.

Dem Schock des Verlusts der drei britischen Kreuzer folgten weitere. Kaum einen Monat später brachte das deutsche Unterseeboot *U-17* das britische 866-Tonnen-Handelsschiff *Glitra* vor der Küste Norwegens auf und schickte es auf den Meeresgrund, allerdings nicht mit Hilfe von Torpedos. Vielmehr hatten Besatzungsmitglieder der *U-17* unter Anwendung der so genannten »Prisen-Ordnung«, die noch aus dem napoleonischen Zeitalter stammt, das Schiff geentert und die *Glitra*, nachdem sie sich davon überzeugt hatten, dass tatsächlich Konterbande an Bord war, durch das Öffnen der Seeventile versenkt. Damit war die *Glitra* das erste Handelsschiff, das von einem Unterseeboot versenkt worden war – das erste von rund 5 000, die ihr im Lauf des Ersten Weltkriegs folgen sollten. Während sich die Royal Navy noch Sorgen um die deutschen Großkampfschiffe machte, trat hier eine neue Bedrohung auf den Plan: eine Hand voll Tod bringender U-Boote, die in den ungastlichen Gewässern der Nordsee lauerten.

Am Neujahrstag des Jahres 1915 schrieb das eben erwähnte *U-17* einen traurigen Nachsatz zur Geschichte der *Aboukir, Cressy* und *Hogue*. An diesem Tag torpedierte es das britische Schlachtschiff HMS *Formidable*, wobei mehr als die Hälfte der 800 Mann starken Besatzung auf See blieb. Obwohl sich noch andere Schiffe im gleichen Seegebiet befanden, wagte sich keines heran, um Hilfe zu leisten, da die Navy strikt untersagt hatte, torpedierten Schiffen in von U-Booten verseuchten Gewässern zu Hilfe zu kommen.

Die Effizienz der deutschen U-Boote sollte sich jedoch bald als noch Furcht erregender erweisen. Im November des Jahres 1914 erklärte Großbritannien die gesamte Nordsee zum Kriegsgebiet. Dadurch erhielt die Royal Navy das Recht, jedes Schiff, das sie in diesen Gewässern antraf, zu stellen, zu entern, zu durchsuchen und nach Belieben aufzuhalten, ein Schachzug, der natürlich auch den internationalen Handel Deutschlands praktisch lahm legte.

Anfang 1915 revanchierte sich Deutschland damit, dass es seinerseits sämtliche die britischen Inseln umgebenden Gewässer zum Kriegsgebiet erklärte, wodurch nach dem 18. Februar des Jahres jedes Schiff in diesem Gebiet ohne Vorwarnung angegriffen werden konnte. Die deutsche U-Boot-Flotte setzte sich umgehend in Marsch.

Am 1. Mai 1915 legte die *Lusitania* um 12.30 Uhr in New York zur Überfahrt nach Liverpool ab. Schon Tage vor der Abreise des großen Cunard-Liners hatten Anzeigen in den Zeitungen Transatlantik-Passagiere davor gewarnt, dass britische Schiffe »Gefahr liefen, zerstört zu werden«. Man schrieb diese Annoncen der deutschen Botschaft zu, tatsächlich wurden sie aber von deutsch-amerikanischen Geschäftsleuten in Auftrag gegeben, die die zunehmende Verschlechterung der Beziehungen zwischen Deutschland und den Vereinigten Staaten mit Besorgnis betrachteten. Doch trotz all dieser Warnungen wurden kaum Buchungen bei Cunard storniert. Offensichtlich rechnete zu diesem Zeitpunkt noch kaum jemand mit einem Angriff auf ein Passagierschiff.

Am gleichen Tag wurde der amerikanische Tanker *Gulflight* vom Torpedo eines deutschen U-Boots beschädigt, das diesen offenkundig falsch identifiziert hatte. Obwohl bei dem Zwischenfall drei Amerikaner ums Leben kamen und die Presse entrüstet reagierte, unternahm Präsident Woodrow Wilson keine weiteren Schritte. Er schätzte damit die damals noch in der amerikanischen Öffentlichkeit herrschende Stimmung richtig ein. Deutschland musste klar gemacht werden, dass es die Grenzen zivilisierten Verhaltens überschritten hatte, doch nur wenige Amerikaner wünschten, dass ihr Land deshalb in den Krieg eintrat.

THE NEW YORK HERALD.

PRICE THREE CENTS.

THE LUSITANIA IS SUNK; 1,000 PROBABLY ARE LOST

GERMANS TORPEDO THE GIANT STEAMSHIP AND SHE FOUNDERS EIGHT MILES FROM IRISH COAST

RESCUE VESSELS SPEED TO THE SCENE TO PICK UP SURVIVORS; ONLY 500 ARE ACCOUNTED FOR

George A. Kessler One of Those Saved, Cable Message to Cunard Office Says

Am Freitag, dem 7. Mai, als die *Lusitania* sich dem Ende ihrer Reise näherte, tauchte die *U-20* unter dem Kommando von Leutnant Walther Schwieger um 13.20 Uhr auf und sichtete den großen Transatlantik-Liner. In zehn Seemeilen Entfernung sah man die Küste Irlands als dünnen schwarzen Streifen. William Turner, der Kapitän der *Lusitania*, steuerte sein Schiff sehr nahe an Brow Head, Galley Head und dem Old Head of Kinsale vorbei. Er kannte den Küstenstreifen sehr gut, schließlich hatte er diese Route schon Dutzende von Malen befahren. Zwar hatte die Admiralität die Handelsschifffahrt davor gewarnt, den Landspitzen, vor denen die U-Boote zu lauern pflegten, zu nahe zu kommen und sich statt dessen möglichst weit in der Mitte der Seeschifffahrtsstraßen zu halten. Aber Turner machte sich darüber keine Gedanken. Vielmehr brüstete er sich gerne damit, dass die *Lusitania* jedem Unterseeboot leicht davonlaufen könnte. So hielt der mächtige Liner unbeirrt seinen Kurs und steuerte Queenstown (das heutige Cobh) mit gut 18 Knoten Fahrt an. Es war nicht so, dass Turner die Anweisungen der Admiralität einfach ignoriert hätte. Doch für ihn bestand die Aufgabe der Navy darin, den Feind zu schlagen, während Turner sich verpflichtet fühlte, seine Passagiere so schnell und komfortabel wie möglich zum Bestimmungshafen zu bringen. Die meisten Reisenden an Bord der *Lusitania* hatten für ihre Passage schließlich mehr Geld ausgegeben, als die Mehrheit der Bevölkerung damals in einem ganzen Jahr verdiente.

Ein Deckmatrose namens Leslie Morton entdeckte von seiner Wachstation aus den Torpedo und riss das Megafon an sich: »Torpedo von Steuerbord voraus!« Exakt um 2.10 Uhr nachmittags traf die Waffe mit ihrem 150-Kilo-Gefechtskopf den gewaltigen Liner, und eine donnernde Explosion rollte über die ruhige See. Nur einen Augenblick später folgte eine zweite, noch lautere Detonation, die höchstwahrscheinlich auf eine Kohlenstaubexplosion in den fast leeren Bunkern der *Lusitania* zurückzuführen war. Das mächtige Schiff bekam sofort Schlagseite nach Steuerbord und begann über den Bug zu sinken. Bereits 18 Minuten nachdem Schwiegers Torpedo sie getroffen hatte, verschwand die *Lusitania* in den dunklen Tiefen des Atlantik und nahm 1 195 Passagiere, darunter 123 Amerikaner, mit in das nasse Grab.

Die Meldung vom Untergang der *Lusitania* schockierte die ganze Welt. In Großbritannien und Amerika verdrängte diese Meldung jede andere Story von den Titelseiten der Tageszeitungen. Wie konnte, so fragten die Zeitungen, eine zivilisierte Nation eine derart verabscheuenswürdige Tat begehen? In New York entrüstete

Gefangen auf der **Lusitania**

Im August 1993 leitete der Unterwasserforscher Dr. Robert Ballard eine Expedition zum vor der Küste Irlands liegenden Wrack der *Lusitania*. Unter Einsatz des Mini-Tauchbootes *Delta* und ferngesteuerter Kameras studierten und fotografierten Ballard und sein Team das Wrack. Sie hofften, das Rätsel der zweiten Explosion lösen zu können, die den Liner nach der Torpedierung erschüttert hatte. Der Marinemaler Ken Marschall, der mit seinen Bildern von der *Titanic* berühmt geworden ist, begleitete Ballard auf der Expedition und tauchte mit der *Delta* mehrmals zum Wrack, um es sich aus nächster Nähe anzuschauen. Dabei verfing sich einmal die *Delta* in den Fischernetzen, die von der *Lusitania* herabhängen (RECHTS). Glücklicherweise konnte das Mini-Tauchboot wieder flott gemacht werden. (GEGENÜBER) Marschalls Gemälde der *Lusitania* auf dem Meeresgrund.

man sich, die Deutschen führten den Krieg wie »die Wilden im Blutrausch«. In London wurde die Versenkung als »hinterhältiger Akt von Piraterie« und »das schlimmste einer ganzen Folge übler Verbrechen« bezeichnet, »mit denen die Deutschen ihre Waffenehre besudelten«. Als besonders abstoßend wurde empfunden, dass die Versenkung ohne Vorwarnung erfolgt war.

Berlin entschuldigte sich bei den Vereinigten Staaten und bekundete sein »tiefst empfundenes Bedauern«, verwies jedoch gleichzeitig darauf, dass die eigentliche Verantwortung für die Tragödie bei der britischen Regierung zu suchen sei, weil diese »durch ihr Vorhaben, die Zivilbevölkerung auszuhungern«, Deutschland zu derartigen Vergeltungsmaßnahmen gezwungen habe.

Nach der Versenkung der *Lusitania* begannen sowohl die Briten als auch die Deutschen, den U-Boot-Feldzug mit wachsender Besorgnis zu betrachten – allerdings aus ganz unterschiedlichen Gründen. Den Briten bereitete die Gefährdung der Handelsschifffahrt schwere Sorgen. Man befürchtete, dass die Unterwassermacht Deutschlands Großbritannien den Sieg kosten könnte. Paradoxerweise war es aber gerade dieser Erfolg, der auch den Deutschen Kopfzerbrechen bereitete. Dort hatte man inzwischen erkannt, dass der Kriegseintritt der reichen und industriell übermächtigen Amerikaner nicht zu verhindern sein würde, wenn man mit den Versenkungen fortfuhr.

Ein deutsches U-Boot besucht **Amerika**

Im Juli 1916, während die U-Boot-Offensive im Atlantik auf vollen Touren lief, traf das unbewaffnete Handels-Unterseeboot *Deutschland* (links) zum ersten von zwei »Freundschaftsbesuchen« der USA in Baltimore ein. Das Fracht-Unterseeboot war das erste Unterseeboot zur ausschließlich nicht-militärischen Verwendung. Mit bis an den Rand mit Zinn, Nickel und Rohgummi gefüllten Laderäumen – all diese Güter waren völlig legal im damals noch neutralen Amerika gekauft worden – kehrte es nach Deutschland zurück. Nachdem die USA im April des Jahres 1917 in den Ersten Weltkrieg eingetreten waren, wurde das Boot in einen Langstrecken U-Kreuzer umgebaut.

Der uneingeschränkte **U-Boot-Krieg** von Seiten Deutschlands

Während des gesamten Krieges startete Deutschland mehrere U-Boot-Feldzüge, die dazu führten, dass die Schifffahrt der Alliierten im Nordatlantik ernsthaft gefährdet war. Der erste begann unmittelbar nachdem der deutsche Kaiser die Gewässer rund um die britischen Inseln zum Kriegsgebiet erklärt hatte, und dauerte bis zum September 1915, als sich Deutschland schließlich der wachsenden Empörung in der Weltöffentlichkeit gegen die immer kaltblütigere Vorgehensweise der U-Boote, besonders nach der Versenkung der *Lusitania*, beugte. Im März 1916 nahmen die U-Boote ihre Jagd auf hoher See wieder auf. Im Februar 1917, nachdem der letzte und aggressivste, der uneingeschränkte U-Boot-Feldzug begonnen hatte, wurde die Situation für Großbritannien schnell bedrohlich. Jedes vierte Handelsschiff, das einen Hafen verließ, ging verloren. Erst nachdem die USA im April 1917 in den Krieg eintraten und ihr enormes industrielles Potential einbrachten, mit dem sie Großbritannien unterstützten, war es dem belagerten Inselstaat möglich, mit dem zurückzuschlagen, was sich als die wirksamste aller Unterseeboot-Abwehrwaffen herausstellen sollte – dem Geleitzug.

Im August 1915 wurde der zur White Star Line gehörende Passagierdampfer *Arabic* torpediert, wobei 44 Passagiere und Besatzungsmitglieder ums Leben kamen, darunter erneut drei amerikanische Staatsbürger. Diesmal protestierte Präsident Wilson aufs Schärfste. Obgleich es immer noch einige hohe deutsche Offiziere gab, die den uneingeschränkten U-Boot-Krieg befürworteten, setzten sich nun die kühleren Köpfe durch. Sämtliche U-Boot-Kommandanten erhielten den Befehl, keine weiteren Passagierschiffe mehr anzugreifen.

Die Zahl der Versenkungen ging daraufhin zurück. Am 20. September 1915 hatte das deutsche Kaiserreich die meisten seiner U-Boote aus den britischen Gewässern zurückgezogen. Die erste Offensive hatte sieben Monate gedauert und die Briten 855 000 Tonnen Schiffsraum gekostet. Hinzu kamen weitere 94 britische Schiffe, die durch Minen versenkt wurden, welche wiederum durch spezielle U-Boote gelegt worden waren. Die Deutschen verloren dagegen nur 22 U-Boote.

Trotz ihrer sehr hohen Verluste hatten die Alliierten kaum etwas zur Entwicklung einer wirksamen U-Boot-Abwehrwaffe unternommen. Belohnungen, die von der britischen Admiralität für die Sichtung von U-Booten ausgeschrieben worden waren, brachten so gut wie keine Erfolge. In der damaligen Zeit verfügten nämlich nur die wenigsten der kleineren Schiffe über ein Funkgerät. Folglich konnten sie eine U-Boot-Sichtung erst melden, wenn sie in ihre Heimathafen zurückgekehrt waren, doch dann war es viel zu spät.

Die Franzosen waren auf diesem Gebiet etwas erfolgreicher. Ein Ingenieur namens Paul Langevin konnte einige Fortschritte mit einem unter Wasser verwendbaren Echo-Entfernungsmesser vorweisen. In Großbritannien hatte der ehemalige Zerstörer-Kommandant C. P. Ryan Hydrofone, also Unterwassermikrofone, entwickelt, um getauchte Unterseeboote orten zu können. Obwohl diese Geräte bereits Anfang 1915 auf speziellen ASW (*Anti-Submarine-Warfare*)-Vorpostenbooten, also U-Boot-Abwehr-Booten, verwendet wurden, waren diese doch bei weitem nicht ausgereift genug, um mit ihnen die Position eines Unterseebootes feststellen zu können. Sie konnten lediglich vor deren Anwesenheit warnen.

Eine weitere französische Erfindung waren die so genannten »Geräusch-Linsen«. Dabei handelte es sich um zwei Wölbungen nach außen im Rumpf eines Schiffs. Jeder dieser Buckel war mit facettenartig angeordneten Membranen und Schalltrichtern überzogen, die Geräusche aufnehmen sollten. Das Gerät wurde zwar getestet, dann jedoch als zu zerbrechlich für den praktischen Einsatz befunden.

Die wohl schillerndste U-Boot-Jagdwaffe der Briten dürften die berühmten »Q-Ships« gewesen sein. Für den unbedarften Betrachter sahen sie aus wie Handelsschiffe, Trawler oder Trampdampfer. Tatsächlich waren sie aber außerordentlich gut mit Torpedos und Artillerie bestückt, die aufwendig getarnt wurden, zum Beispiel durch aufklappbare Rettungsboote oder falsche Deckshäuser. Obwohl die »Q-Ships« mit Männern der Royal Navy bemannt waren, demonstrierten die Besatzungen nach außen hin Nachlässigkeit, da viele der U-Boot-Kommandanten früher selbst Angehörige der Handelsmarine gewesen waren und wussten, wie es an Deck von Trampdampfern zuging.

Insgesamt wurden 180 Schiffe zu Q-Ships umgebaut. Sie versenkten gerade einmal 14 U-Boote, beschädigten jedoch weit mehr. Zur damaligen Zeit umgab die Q-Ships eine strenge Geheimhaltung, doch verständlicherweise dauerte es nicht lange, bis die Kommandanten der U-Boote sehr vorsichtig wurden, wenn sie sich einem Handelsschiff oder Trampdampfer näherten. Folglich zogen sie es vor, diese Schiffe aus sicherer Tauchstation zu torpedieren. Als Mitte 1917 die Konvois weite Verbreitung fanden, wurden die Q-Ships schließlich wieder ausgemustert.

Patrouillen mit Flugzeugen wären sicherlich bei der U-Boot-Bekämpfung effizienter gewesen, wenn diese zur damaligen Zeit über die nötige Reichweite und Einrichtungen für den zielgenauen Abwurf von Waf-

Um den schweren Verlusten zu begegnen, die der Royal Navy durch die deutschen U-Boote im Nordatlantik (GEGENÜBER) zugefügt wurden, setzte diese eine Reihe von U-Boot-Abwehrwaffen ein, u. a. die Hydrofone (GANZ OBEN) und die als Lockvögel verwendeten »Q-Ships« (OBEN).

fen verfügt hätten. So blieb den Flugzeugbesatzungen nichts anderes übrig, als von Hand kleine Bomben aus dem Cockpit zu werfen oder sie aus Halterungen an den Tragflächen auszuklinken und anschließend das Beste zu hoffen. Blimps, also Kleinluftschiffe, erwiesen sich bei der Erfassung von Unterseebooten als recht nützlich, obwohl ihre geringe Geschwindigkeit sie ungeeignet für den Angriff auf U-Boote machte. Die Navy zog deshalb für diese Aufgabe meist schnelle Zerstörer und Vorpostenboote vor.

1915 begann die Admiralität, eine Idee von Sir Charles Madden, einem Stabsoffizier in der Grand Fleet, weiterzuentwickeln. Es handelte sich um eine Mine, die explodierte, wenn sie eine vorher festgelegte Wassertiefe erreichte. Rund 150 Kilogramm hochexplosiven Sprengstoffs wurden mit einem wasserdruckempfindlichen Zünder verbunden, die dann eine Wasserbombe ergaben, welche sich als außerordentlich wirksame U-Boot-Abwehrwaffe erwies. Allerdings sollte es bis zum Frühjahr 1916 dauern, bis diese Waffen in ausreichender Stückzahl zur Verfügung standen. Anfangs wurden sie am Heck eines Zerstörers oder eines anderen schnellen Schiffs über Schienen ins Wasser gerollt. Doch bald darauf wurden bereits mörserartige Vorrichtungen entwickelt, mit der die Wasserbomben knapp 25 Meter weit geschleudert werden konnten.

Seeminen, die entlang der britischen Küste zur Abwehr deutscher Kriegsschiffe ausgelegt worden waren, erwiesen sich auch gegen die U-Boote als effiziente Waffe. Doch am wirksamsten schützten die erstmals im Frühling 1917 (kurz nachdem die USA in den Krieg eingetreten waren) eingesetzten Konvois die Handelsschiffe auf ihrem Weg über den Atlantik.

Im Sommer 1918 musste die deutsche U-Boot-Flotte so schwere Verluste hinnehmen, dass diese nicht mehr ersetzt werden konnten. So verlor beispielsweise die in Flandern stationierte U-Boot-Flottille ein Boot pro Woche. Wartung und Instandsetzung wurden auf ein Minimum reduziert, um weiterhin genügend Boote einsatzbereit halten zu können.

Trotzdem konnte Deutschland im Jahr 1917 noch einen Trumpf ausspielen: die U-Kreuzer. Mit einer Verdrängung von rund 1 880 Tonnen über und 1 503 Tonnen unter Wasser waren sie die größten Unterseeboote, die während des Ersten Weltkrieges gebaut wurden. Einer der ersten U-Kreuzer, SM *U-155*, lief im Mai 1917 von Kiel zu einer Patrouillenfahrt aus, die über 10 000 Seemeilen weit führen sollte. Auf dieser Fahrt versenkte das Boot 19 Schiffe und beschoss mit seiner Artillerie die Azoren. Ein anderer U-Kreuzer, SM *U-151*, das ehemalige Handelsunterseeboot *U-Oldenburg*, legte sogar über 12 000 Seemeilen zurück und versenkte

(OBEN) Eine Zeichnung im britischen Magazin *The Sphere* zeigt, wie Handelsschiffe der Alliierten den Angriffen von U-Booten aus dem Wege gehen konnten. (GEGENÜBER) Drei Wasserflugzeuge bombardieren auf diesem Aquarell von C. R. Fleming-Williams ein deutsches Unterseeboot. (RECHTS) Ein britischer Matrose steht bereit, eine Wasserbombe von Bord zu katapultieren.

Nach der Unterzeichnung des Waffenstillstands im November 1918 wurden alle einsatzfähigen U-Boote an die Briten ausgeliefert und in Harwich, einem Hafen an der Ostküste Englands, interniert. Im darauf folgenden April wurden sie teils unter den Alliierten aufgeteilt, teils zu Testzwecken verwendet und später abgewrackt.

(OBEN, LINKS UND BILDMITTE) Die besiegten U-Boot-Besatzungen ergeben sich. (UNTEN, LINKS) Die erbeuteten deutschen U-Boote werden im Hafen von Brooklyn zur Schau gestellt.
(GEGENÜBER) Zwei bereits ausgeschlachtete U-Boote liefen auf Grund, als sie abgeschleppt wurden.

AE2 – die Heldin von Gallipoli

Eines der tollkühnsten Bravourstücke des Ersten Weltkriegs machte vor einiger Zeit wieder Schlagzeilen, als die *AE2*, ein Unterseeboot der Royal Australian Navy, im Juni 1998 auf dem Grund des Marmara-Meeres entdeckt wurde. Im April 1915 hatte dieses Boot den Befehl erhalten, das fast Unmögliche zu vollbringen, den Durchbruch durch die untiefen und dicht verminten Dardanellen zu schaffen und »Amok zu laufen, wenn ihr es bis dorthin schafft«. Dieser Einsatz war Teil eines katastrophal verlaufenen Feldzuges, für den sich der damalige britische First Lord of The Admirality, Winston Churchill, stark gemacht hatte. Der Plan sah vor, mit Kriegsschiffen durch die undurchdringlichen Dardanellen zu brechen, bei Gallipoli Truppen anzulanden und so den Verbündeten Deutschlands, die Türkei, aus dem Feld zu schlagen. Zwei Unterseeboote waren daran gescheitert, die flache, nur knapp 50 Seemeilen breite Meerenge zu überwinden. In den letzten 500 Jahren hatte kein einziges feindliches Schiff es geschafft, die Dardanellen erfolgreich zu passieren. Doch in den frühen Morgenstunden des 25. April 1915, dem gleichen Tag, an dem die Truppen die Strände von Gallipoli stürmten, schlüpfte die *AE2* in die tückische Passage. Nachdem das Boot an Minen vorbeigeschrammt, sich zweimal unmittelbar unter türkischen Festungswerken auf Grund gelegt hatte und feindlichen Schleppzügen ausgewichen war, lief es am 26. April ins Marmara-Meer ein.

Die Neuigkeit vom erstaunlichen Erfolg des australischen Unterseebootes kam den unter Beschuss liegenden Alliierten an der Küste gerade recht. Der britische Oberkommandierende, Sir Ian Hamilton, der bereits den Rückzug erwogen hatte, gab daraufhin seinen berühmt gewordenen Befehl: »Grabt, grabt, grabt euch ein und haltet aus« an die Truppen, die sich zum überwiegenden Teil aus Australiern und Neuseeländern zusammensetzte.

Doch es dauerte nicht lange, bis sich das Glück von der *AE2* verabschiedete. Am 30. April tauchte sie neben einem türkischen Kanonenboot auf, das den Druckkörper des Unterseebootes mit drei Granaten durchlöcherte. Da es nun nicht mehr tauchen konnte, ergab sich Commander Henry Stoker mit seiner Mannschaft (LINKS) und versenkte sein Boot selbst. Er und seine 31 Mann Besatzung verbrachten den Rest des Krieges in Gefangenschaft. Die alliierten Truppen konnten erst acht Monate nach der Versenkung der *AE2* evakuiert werden, zu einem Zeitpunkt, zu dem sich die Zahl der Gefallenen auf beiden Seiten auf über 250 000 erhöht hatte.

Die Entdeckung der **AE2**

Der türkische Unterwasserforscher Selçuk Kolay initiierte 1996 eine Suchexpedition nach dem australischen Unterseeboot. Mit seiner ausgeklügelten Sonar- und magnetometrischen Ausrüstung ortete er im Juni 1998 schließlich das Wrack. Eine gemeinsame australisch-türkische Expedition unter der Leitung des Australiers Dr. Mark Spencer hat das Unterseeboot seitdem mehrfach erkundet und dokumentiert. Das Wrack befindet sich in bemerkenswert intaktem Zustand, und inzwischen laufen Bestrebungen, die archäologische Erforschung dieser Stelle fortzusetzen, um entscheiden zu können, ob die *AE2* gehoben werden kann.

(GANZ OBEN) John Thomson, links im Bild, der Enkel des Leading Seaman Thomson von der *AE2*, hilft Dr. Mark Spencer bei dessen Vorbereitung zu einem Tauchgang zum Wrack. (OBEN) Spencer, links im Bild, und Kolay gratulieren einander zur Entdeckung der *AE2*. (GEGENÜBER, OBEN) Der in Fischernetze eingehüllte rostige Bug des australischen Unterseeboots. (UNTEN) Die *AE2* 1914 im Hafen von Sydney. (RECHTS) Ein Taucher schwimmt über das Oberdeck im Heckbereich (oben) und hält eines der Blätter der Schiffsschraube (UNTEN).

Kapitel 5: **Verluste in Friedenszeiten**

Trotz aller Fortschritte, die nach dem Ersten Weltkrieg in der Unterseeboot-Technologie gemacht wurden, gab es für Besatzungsmitglieder bis zum Jahre 1927, als die heute zum Standard gewordene Rettungsausrüstung einschließlich des Davis-Tauchretters (GEGENÜBER), der »Momsen-Lunge« und der McCann-Rettungskammer entwickelt wurde, keinerlei Möglichkeiten, ein gesunkenes Unterseeboot zu verlassen.

In den 20er und zu Beginn der 30er Jahre des 20. Jahrhunderts erweiterten die Kriegsmarinen der Welt ihre Bestände an Unterseebooten nur in relativ geringem Umfang, weil sie u. a. durch restriktive Verträge daran gehindert wurden. Bei den Neukonstruktionen jedoch versuchte man das an Größe wettzumachen, was an Stückzahlen fehlte. Großbritannien baute das geradezu gigantische *X-1*, ein Experimentalboot für den ozeanweiten »Raider«-Einsatz. Es war offensichtlich, dass die deutschen U-Kreuzer das Vorbild für dieses Boot geliefert hatten. Die neuen britischen Boote der »M«-Klasse hatten Zwölf-Zoll-Bordgeschütze, ein Kaliber also, das weit besser zu einem Schlachtschiff als zu einem Unterseeboot gepasst hätte. 1929 stellten die Franzosen die mächtige *Surcouf* in Dienst. Sie war fast 100 Meter lang und bis gegen Ende des Zweiten Weltkriegs das größte Unterseeboot der Welt.

In den 30er Jahren des 20. Jahrhunderts zeichnete sich immer deutlicher die Möglichkeit eines neuen Kriegsausbruchs ab. Nach der Machtergreifung Hitlers im Jahr 1933 nahm Deutschland heimlich den Bau von U-Booten wieder auf, und die Japaner und Italiener begannen, ihre Flotten zu erweitern. In der Angst vor dem, was kommen würde, fingen auch Großbritannien und die Vereinigten Staaten an, Patrouillen-Unterseeboote in großer Stückzahl auf Kiel zu legen.

Zwei Unterseeboot-Katastrophen dominierten in dieser Zeit die Schlagzeilen. In beide waren moderne Boote aus der Vorserienproduktion von Klassen verwickelt, die sich später im Krieg einen hervorragenden Ruf erwerben sollten. Beide Boote waren mit modernsten Sicherheitseinrichtungen ausgestattet. Dass sie in Friedenszeiten sanken, war eine grausame Mahnung, wie gefährlich Unterseeboote immer noch waren, ganz besonders für die eigenen Besatzungen.

Mit schwerer Artillerie bestückt, war das britische *M-1* das erste Unterseeboot einer neuen Waffengeneration.

Am 22. Mai 1939 lief die USS *Squalus* aus dem Hafen von Portsmouth in New Hampshire aus, um die abschließenden Probefahrten zu absolvieren. Es war das neueste der amerikanischen Boote eines Typs, den man in Deutschland als »Frontboot« bezeichnet hätte. Bei 94 Meter Länge und 8,25 Meter Breite verdrängte es 1 450 Tonnen. Es wurde dieselelektrisch angetrieben, und seine beiden 1 400 PS starken Elektromotoren brachten das Boot auf eine Geschwindigkeit von 16 Knoten an der Oberfläche und neun Knoten Fahrt unter Wasser. Mit einer aus vier Offizieren und 51 Mannschaften bestehenden Besatzung sowie drei zivilen Ingenieuren an Bord lief es unter dem Kommando des 34-jährigen Lieutenant Oliver Naquin zu seiner 19. Probefahrt aus, auf der das Alarmtauchen unter Gefechtsbedingungen getestet werden sollte. Das bedeutete, dass das Boot in maximal 60 Sekunden auf eine Tiefe von 50 Fuß, also etwas mehr als 15 Meter, zu tauchen hatte.

Die *Squalus* nahm Kurs auf einen Punkt, der 13 Seemeilen vor Portsmouth in der Nähe von White Island lag. Dort gab Naquin den Befehl »Klarmachen zum Tauchen!«. Kurze Zeit später empfing man in Portsmouth den Funkspruch, dass man auf 70° 31' westlicher Länge zu tauchen beabsichtige. Doch ein Funker nahm diese Meldung nicht richtig auf, denn die tatsächliche Position war 70° 36' westlicher Länge.

(RECHTS) Die USS *Squalus* Anfang Januar 1938 im Bau auf der Marinewerft von Portsmouth (USA). Dieser Blick von Achtern zeigt den Querschnitt durch den Druckkörper und die Seitentanks. (DANEBEN) Im April war die Stützkonstruktion für die im Vordergrund erkennbaren Bugtorpedorohre an Ort und Stelle. (UNTEN) Der Stapellauf des mächtigen Unterseebootes erfolgte am 14. September 1938. Vor Indienststellung erhielt es die Nummer SS 192.

»Ich spürte plötzlich einen unglaublichen Anstieg des Luftdrucks… Dann traf mich ein Schwall Wasser im Rücken, der aus der Lüftung unmittelbar über mir schoss und Kopf und Schultern nach unten presste… Wasser strömte durch das Luk…, die Notbeleuchtung erlosch.« Harold C. Preble, Schiffskonstrukteur und Überlebender der *Squalus*

(Gegenüber) Der Maler John Groth lässt in diesem Gemälde das Drama, das sich in der Zentrale der *Squalus* abspielte, realistisch wieder aufleben. Bevor das havarierte Unterseeboot auf dem Meeresboden aufschlug, hatten die Besatzungsmitglieder noch verzweifelt versucht, der Wassereinbrüche Herr zu werden, als sie durch die Grundberührung gegeneinander und zu Boden geschleudert wurden.
(Oben) Die USS *Sculpin*.

Um 8.35 Uhr morgens gab Naquin den Befehl zum Tauchen, und fünf Minuten später wurde mit dem ersten Tauchalarm der Tauchvorgang eingeleitet. Der Dieselmotor wurde daraufhin abgeschaltet und die vorderen Tauchzellen geflutet. Gleichzeitig hielten die Elektromotoren das Boot weiterhin auf 16 Knoten Fahrt.

In der Zentrale, dem Herz eines jeden Unterseebootes, stand der Tauchoffizier inmitten einer verwirrenden Vielzahl von Skalen, Kontrollleuchten und Hebeln, mit denen er jede Funktion des Bootes überwachte. Er überblickte die »Christbaum« genannte Steuertafel, die aus etlichen Reihen roter und grüner Lampen bestand, von der jede einzelne eine bestimmte Öffnung kennzeichnete. Rot bedeutete »offen« und grün »geschlossen«. Alle Lichter standen auf grün. Als Naquin zustimmend nickte, gab der Tauchoffizier den zweiten Tauchalarm und flutete die restlichen Tauchzellen.

Exakt 62 Sekunden benötigte das Boot, um die vorgegebene Tiefe von 50 Fuß zu erreichen. Alles schien einwandfrei zu laufen, als plötzlich über die Bordsprechanlage die Meldung durchkam, dass es im am weitesten achtern gelegenen Maschinenraum einen Wassereinbruch gab. Aber immer noch zeigten sämtliche Anzeigen auf dem »Christbaum« grünes Licht.

Der Tauchoffizier befahl, alle Tauchzellen und die vorderen Trimmzellen anzublasen. Das Boot begann sich zunächst zu stabilisieren, nur um dann ganz plötzlich über das Heck zu sinken. Es war bereits zu viel Wasser ins Boot gelangt, und dieses enorme zusätzliche Gewicht zog es nun nach unten. Die *Squalus* berührte in einer Tiefe von ziemlich genau 74 Metern den Meeresgrund.

Der Kommandant hatte keinen Zweifel an der Ursache für diese Katastrophe. Bereits bei einigen der vorausgegangenen Testfahrten hatten sich Bedenken wegen der Haupteinlassventile im Brückenaufbau eingestellt. Über diese wurden die Dieselmaschinen mit Frischluft versorgt. Und genau diese waren es jetzt auch, durch die das Wasser eindrang. Die hinteren Abteilungen waren rasch vollgelaufen, und damit war jegliche Hoffnung auf eine Rettung der dort befindlichen Männer zunichte gemacht.

Zufällig stand das Schwesterboot der *Squalus*, die *Sculpin*, unmittelbar vor dem Auslaufen zu einer zwei Monate dauernden Belastungsprobefahrt in Richtung Südamerika. Sie verließ Portsmouth sofort und erreichte die Position, an der die *Squalus* laut Funkspruch getaucht war, um 1.00 Uhr nachmittags, also rund fünf Stunden nach dem fatalen Manöver. Durch den oben erwähnten Fehler, der bei der Aufnahme des Funkspruchs gemacht worden war, befand sie sich allerdings gut fünf Seemeilen östlich der tatsächlichen Position der *Squalus*. Zum Glück entdeckte der junge Ensign [Fähnrich zur See] Ned Denby etwas am Horizont, bei dem es sich seiner Meinung nach um ein Notsignal, nämlich eine Leuchtkugel, handeln *könnte*. Eine Viertelstunde später sah er schließlich deutlich das sechste Notsignal, das von der eingeschlossenen Besatzung abgeschossen worden war.

Dann explodierte eine weitere Leuchtgranate fast unmittelbar über dem Bug der *Sculpin*. Augenblicke später entdeckten die Männer im Ausguck eine Markierungsboje, die in der unruhigen See auf und ab tanzte,

Charles B. **Momsen**

Charles Momsen (RECHTS) demonstriert seinen Tauchretter, ein tragbares Atemgerät. Die so genannte »Momsen-Lunge« erlaubt es einem Unterseeboot-Fahrer, langsam an die Wasseroberfläche aufzutauchen, und verhindert so das Einsetzen der gefürchteten »Taucherkrankheit«. (OBEN) Momsen vor der Druckausgleichskammer, an deren Entwicklung er beteiligt war.

und zogen sie an Deck. An der Boje war ein langes Telefonkabel befestigt, und kurz darauf war der Kontakt zwischen den beiden Kommandanten hergestellt. Dieser riss jedoch bereits nach wenigen Sekunden wieder ab, da die *Sculpin* plötzlich von einer Welle abrupt angehoben worden war. Glücklicherweise war jetzt aber wenigstens die genaue Position des havarierten Bootes bekannt.

Auch befand sich weitere Hilfe bereits auf dem Weg. Ein umgebauter Minensucher aus dem Ersten Weltkrieg, die USS *Falcon*, war von Portsmouth aus mit der neuesten Errungenschaft der Navy-Rettungsausrüstung unterwegs. Das war eine zehn Tonnen schwere Tauchglocke, knapp 5,20 Meter hoch und drei Meter im Durchmesser, die McCann-Rettungskammer. Das birnenförmige Rettungsgerät aus Stahl war innen in einen oberen und einen unteren Bereich aufgeteilt. Die Auf- und Abwärtsbewegungen wurden durch Ballasttanks bewerkstelligt und die Führung erfolgte über eine rund 120 Meter lange Stahltrosse von anderthalb Zentimetern Durchmesser. Das Gerät passte sich dank eines Gummikragens an seiner Basis wie angegossen an das Luk eines havarierten Unterseebootes an. Es war groß genug, jeweils sieben Überlebende auf einmal aufnehmen zu können. Die McCann-Rettungskammer befand sich immer noch im Experimentalstadium. Dies sollte nun ihr erster Einsatz im Ernstfall sein.

Falls die Kammer, aus welchen Gründen auch immer, nicht zum Einsatz gebracht werden konnte, gab es immer noch die Möglichkeit, den Ausstieg über die »Momsen-Lunge« zu bewerkstelligen, ein tragbares Rettungsgerät, das sich an Bord der *Squalus* befand und das der in einem gesunkenen Unterseeboot eingeschlossenen Besatzung die Möglichkeit verschafft, das Boot zu verlassen. Der rechteckige Gummisack enthält eine Patrone mit Natronkalk. Diese Substanz beseitigt das giftige Kohlendioxid aus der ausgeatmeten Luft und führt dieser dann Sauerstoff zu. Dies würde allerdings wegen der Tiefe, in der das Boot auf Grund lag, der eindeutig riskantere Weg sein. Selbst die erfahrensten Taucher schweben stets in der Gefahr, sich die heimtückische »Taucherkrankheit«, eine Art Stickstoffvergiftung, zuzuziehen, wenn sie in derartigen Tiefen arbeiten müssen.

Im gesunkenen Unterseeboot ging es den Überlebenden derweil den Umständen entsprechend gut, allerdings froren sie stark.

Während an der Wasseroberfläche die Rettungsbemühungen weitergingen, drängten sich die 33 Überlebenden der *Squalus* in Kälte und Dunkelheit zusammen und versuchten, sich warm zu halten.

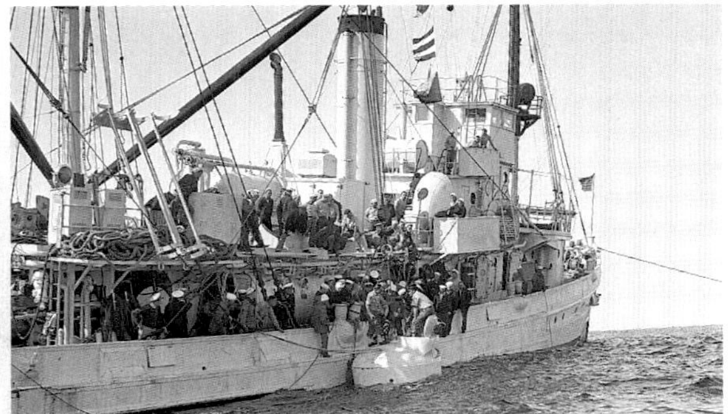

Die Rettungsschiffe USS *Falcon* (UNTEN, RECHTS IM BILD) und USS *Wandank* (DANEBEN) an der Stelle, an der die *Squalus* sank. Die McCann-Rettungskapsel, unten auf dem Achterdeck der *Falcon* zu erkennen, wird darauf vorbereitet (GANZ LINKS), über Bord gelassen zu werden (LINKS, OBEN). Dies war ihr erster Rettungseinsatz. (LINKS, UNTEN) Lieutenant Commander Allan R. McCann, links im Bild, während der ersten Tests, die Anfang der 30er Jahre im Brooklyn Navy Yard stattfanden.

Der Druck lag 12,5 Pfund über dem atmosphärischen Druck und damit nicht im kritischen Bereich. Batteriebetriebene Taschenlampen lieferten Licht.

Als die *Falcon* 23 Stunden nach dem Sinken des Unterseebootes endlich am Ort des Geschehens eintraf, hatten sich die Witterungsbedingungen eindeutig verschlechtert. Der erste Schritt bestand nun darin, die Führungstrosse der Kammer zu riggen, die zwischen der *Falcon* und dem Unterseeboot verlaufen sollte. Der Taucher Martin Sibitzky, ein Bootsmannsmaat, hatte das Glück, nur knapp zwei Meter neben dem vorderen Fluchtluk auf dem Deck der *Squalus* aufzukommen. Sibitzky konnte deutliche Klopfsignale hören. Sofort klopfte er seinerseits als Antwort auf das Deck und befestigte schnell das Ende der Führungstrosse an einem großen Metallring in der Mitte des Fluchtluks. Beim zweiten Versuch gelang es ihm, das Drahtseil in den Ausstieg einzuschäkeln. Dann bereitete er sich zum Auftauchen vor.

Nun musste die Rettungskammer über das Heck der *Falcon* gehievt werden. Die Techniker, die den ersten Rettungsversuch durchführten, waren Walt Harmon und John Michalowski. Einige Augenblicke lang bewegte sich die Kammer wie ein großes Insekt auf der Wasseroberfläche, bevor sie verschwand. Auf einer Tiefe von etwa 45 Metern wurde der Abstieg für kurze Zeit unterbrochen, weil ein kleines Problem mit der Belüftung beseitigt werden musste. Dann wurde der Tauchvorgang fortgesetzt, wobei die Kammer noch einige Male angehalten wurde, damit die Bedienungsmannschaft sicher stellen konnte, dass die Stahltrosse sauber über die Winsch ablief.

Die Glocke setzte problemlos genau über dem Fluchtluk auf. Sofort leitete Harmon Druckluft in das untere Abteil der Kammer und presste so das Wasser heraus. Der gewaltige Wasserdruck sorgte für eine völlige Abdichtung zwischen Unterseeboot und Kammer. In einem letzten Schritt wurden vier Bolzen befestigt, die die Kammer während des Rettungsvorganges sichern sollten.

Jetzt kam der alles entscheidende Augenblick. Harmon öffnete das Luk des Unterseebootes. »Hallo!« rief er. Keine Antwort. Für den

Die McCann-**Rettungskapsel**

(RECHTS) *The Illustrated London News* rückte die Schlüsselrolle, die die Kapsel bei der Bergung der *Squalus*-Überlebenden spielte, ins Rampenlicht. (UNTEN) Das Innere der unter Überdruck stehenden Kapsel und deren Hauptkomponenten. Zu der oberen Abteilung führen die Luftversorgungs- und Druckausgleichsschläuche sowie die Kabel für Strom, Licht und Telefon. Eine horizontale Schottwand mit einem wasserdichten Luk trennt die beiden Abteilungen voneinander. (GANZ UNTEN) Die Grafik zeigt die Stellen des Wassereinbruchs.

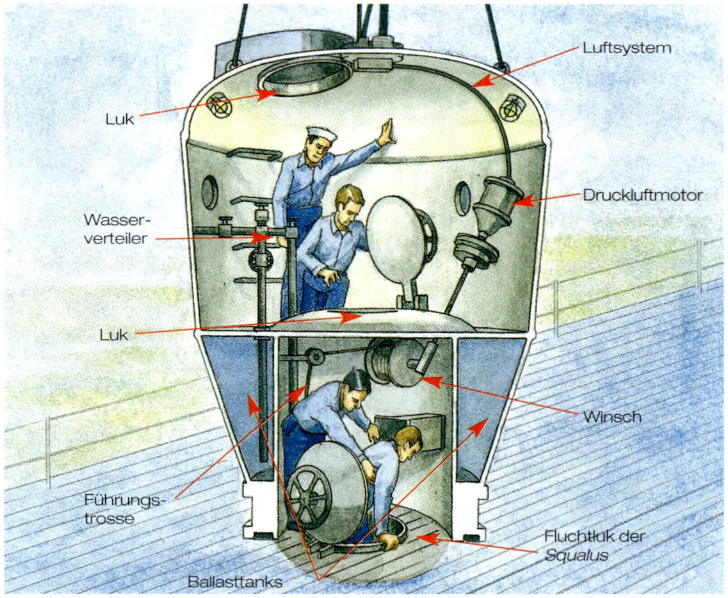

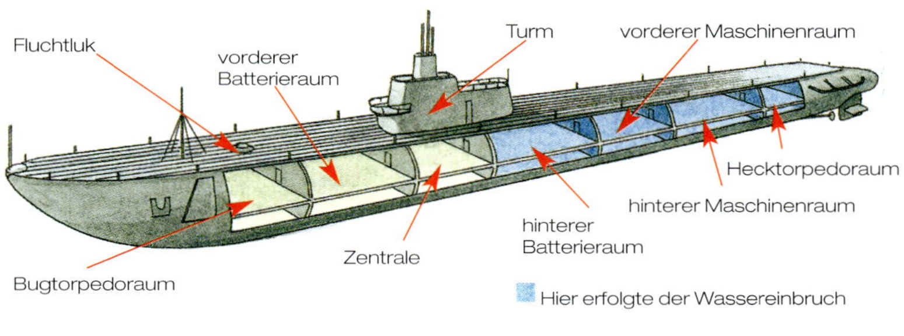

Bruchteil einer Sekunde fühlte er Panik in sich aufsteigen. Dann erst bemerkte er, dass die Besatzung das innere Luk gesichert hatte und ihn deshalb gar nicht gehört haben konnte.

Als er schließlich auch dieses geöffnet hatte, fiel das Licht aus der Rettungskapsel in den dunklen und feuchten Innenraum und beleuchtete eine ganze Traube von Gesichtern, die eben noch angespannt und ängstlich waren und ihn im nächsten Augenblick mit neu erwachter Hoffnung und voller Zuversicht anblickten. Die Männer atmeten in tiefen Zügen die frische Luft ein, die aus der Rettungskapsel ins Boot strömte. Dankbar griffen sie nach den Sandwiches, der heißen Suppe, den warmen Decken und Taschenlampen, die ihre Retter mitgebracht hatten.

Doch ihre Tortur sollte damit noch nicht ganz zu Ende sein. Schließlich musste die Kammer erst einmal wieder an die Oberfläche zurück, und das nicht nur einmal, sondern mehrfach, da sie bei jeder Fahrt immer nur einige Überlebende befördern konnte. Alle wussten, wie exakt diese Operation ablaufen musste. Ein einziger Fehler, was beispielsweise den aufgenommenen Ballast anging, hätte schon dazu führen können, dass die Kammer zu viel Auftrieb bekam, zu schnell aufstieg und der *Falcon* in den Kiel krachte. So hätte sich der Triumph jederzeit binnen Sekunden in eine Tragödie verwandeln können.

Beim ersten Aufstieg kamen sieben Männer in der Kammer zurück an die Oberfläche. Eine 30 Minuten dauernde Reise, die ihnen nahezu endlos erschienen sein muss. Beim nächsten Mal waren es neun Männer, und weitere neun folgten ihnen schon kurz darauf. Schließlich mussten noch Naquin und sieben andere Überlebende gerettet werden.

Kaum waren diese Männer sicher im Inneren der Rettungskammer, begann die Tauchglocke ihren langsamen Aufstieg zur Oberfläche. In einer Tiefe von knapp 49 Meter blockierte jedoch die Trosse. Ein Umsteuern der Winsch half nicht. Die Stahltrosse hatte sich im Block verklemmt. Als die Bedienungsmannschaft an der Trosse zerrte, um sie wieder frei zu bekommen, begann diese zu brechen. Wie Feuerwerkskörper knallte Kardeel für Kardeel weg, bis alles schließlich nur noch an einem letzten Strang hing. An Bord der *Falcon* wich die Begeisterung schlagartig ernster Sorge. Die neun Männer in der Kapsel mussten ganz vorsichtig zurück auf den Meeresboden gebracht werden und dort warten, bis die Trosse frei geschnitten und eine neue eingespleißt worden war.

Der Taucher Jesse Duncan bekam den Auftrag, hinunter zu tauchen und eine zweite Bergetrosse an der Rettungsglocke zu befestigen. Er versuchte es zwar, doch der Wasserdruck überforderte seine Kräfte. Fast ohne Besinnung musste er zurück an Bord gezogen und auf dem schnellsten Wege in die Druckausgleichskammer geschafft werden. Auch ein anderer Mann hielt dem Druck nicht stand. Der Stickstoff und die herumpeitschenden Klauen der durchgescheuerten Trosse gingen über seine Kräfte. Auch er wurde schnell zurück an Bord geholt und in die Dekompressionskammer geschafft.

Damit gab es nur noch eine letzte Möglichkeit: Durch pedantisch genaue Steuerung des Ballastes musste das Rettungsteam der Kammer gerade so viel Auftrieb geben, dass diese langsam aufstieg, während die Männer an Bord der *Falcon* die durchgescheuerte Trosse Hand über Hand einholten.

Es war eine mühevolle Aufgabe. Aber es funktionierte. 39 Stunden nach dem Untergang der *Squalus* war der Rettungseinsatz erfolgreich abgeschlossen. Die Überlebenden konnten endlich in der Druckausgleichskammer in tiefen Schlaf fallen. Am Morgen des darauf folgenden Tages verließen sie Portsmouth, um zu ihren Familien und Freunden zurückzukehren. 33 Männer konnten gerettet werden, doch 26 hatten unmittelbar nach dem Wassereinbruch in der überfluteten Abteilung ihr Leben lassen müssen.

(GEGENÜBER) Ein Überlebender steigt aus dem oberen Luk der Rettungskapsel.
(OBEN) In Decken gehüllte Überlebende an Bord der *Harriet Lane*.
(UNTEN) Lieutenant Oliver Naquin, der Kommandant der USS *Squalus*.

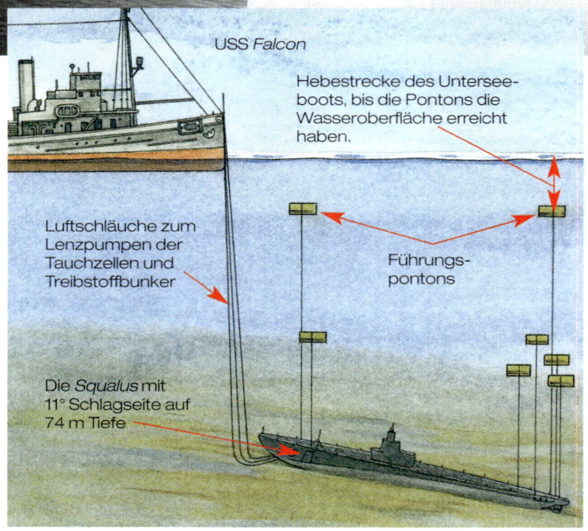

Die Bergung der **Squalus**

Es sollte sich bald herausstellen, dass sich die Hebung der *Squalus* weit schwieriger gestaltete, als man vermutet hatte. Das gesunkene Boot lag auf gut 74 Meter und damit auf erheblich größerer Tiefe als derjenigen, in der die Navy bislang Bergungsaktionen durchgeführt hatte. Durch die erst kurz zuvor eingeführten Tauchgeräte mit einer Mischung aus Helium und Sauerstoff konnten die Taucher auch in großen Wassertiefen arbeiten. Im Laufe der drei Monate andauernden Operation wurden 648 Tauchgänge zum gesunkenen Boot durchgeführt.

Rear Admiral Cole hatte das Kommando über die Bergungstruppe. Der Plan bestand darin, die *Squalus* unter Einsatz von Pontons und der bootseigenen Tauchzellen zu heben. Doch durch die Wassertiefe war es nicht möglich, den genauen Schwerpunkt beziehungsweise den benötigten Ballast so zu bestimmen, dass das Boot auf ebenem Kiel an die Wasseroberfläche gebracht werden konnte. Da es an einem Ende zuerst angehoben wurde, musste das Bergungsteam sorgfältig den Winkel überwachen, in dem es an die Oberfläche steigen sollte, um zu verhindern, dass ein Wassereinbruch aus den offenen unteren Tauchzellen erfolgte. Um diesen Winkel jedoch kontrollieren zu können, durfte die *Squalus* immer nur ein Stückchen angehoben, dann unter Wasser eine gewisse Strecke weiter geschleppt und anschließend wieder angehoben werden. Um die Höhe jedes einzelnen Hebevorgangs zu begrenzen, ordneten die Taucher die Pontons auf unterschiedlichen Höhen zwischen Unterseeboot und Wasseroberfläche an, wobei die oberen Pontons jeweils die Höhe des Hebevorgangs vorgaben.

Am 13. Juli wurde der erste Hebeversuch unternommen, der jedoch katastrophal verlief. Nach Aussage von Commander Momsen stieg »der Bug wie ein verrückt gewordener Tornado und geriet völlig außer Kontrolle. Er rammte die Pontons und zerriss Schläuche«. Ein zweiter Versuch verlief erfolgreich und brachte das Boot in einer Tiefe von 28 Metern auf Grund. Nach etlichen weiteren Versuchen, die *Squalus* von dort aus frei zu bekommen, wurde sie letztendlich erfolgreich gehoben und am 13. September 1939 ins Trockendock von Portsmouth gebracht.

(Links) Die Zeichnung zeigt die Anordnung der Rettungspontons. Mitte August lag die *Squalus* 28 Meter unter der Oberfläche. Nachdem die Pontons aufgepumpt worden waren (oben, ganz links), stiegen sie empor. Das Wasser schäumte auf, als sie das Boot nach oben brachten (links). Die Kontrollpontons schwammen an der Oberfläche und die *Squalus*, die unter der Wasseroberfläche hing, wurde in Schlepp genommen (daneben). Ende August war das sperrige Boot noch nicht vollständig gehoben (rechts). (Unten) Ein spannender Augenblick an Bord der *Falcon*.

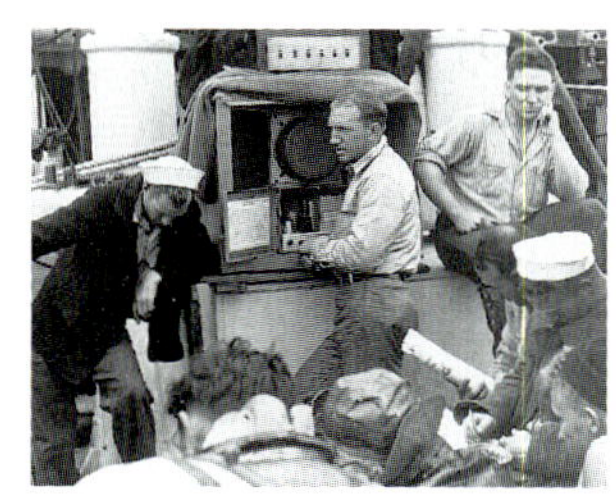

Y.S.P.
9

Die Besatzung der britischen *Thetis* hatte leider nicht so viel Glück. Die neuen Unterseeboote der »T«-Klasse mit ihren 21-Zoll-Torpedorohren gehörten zu den beeindruckendsten der Welt. Die *Triton* war als Namengeber das erste Boot dieser Typenklasse und lief 1937 vom Stapel. Im darauf folgenden Jahr berührte der Druckkörper der *Thetis* erstmals das Wasser. Nachdem ein Vorabtest ein Problem mit den Tiefenrudern gezeigt hatte, arbeitete der Konstrukteur Cammell Laird den ganzen Winter und Frühling über am Boot. Im Juni 1939 war es schließlich so weit, dass es für einen ersten Tauchversuch in der Bucht von Liverpool freigegeben werden konnte. Für diese Probefahrten war die Zahl der Menschen an Bord durch eine ungewöhnlich große Gruppe von Besuchern und Beobachtern von sonst 52 auf 103 Mann angeschwollen.

Am 1. Juni um 1.40 Uhr nachmittags gab der Kommandant des Unterseebootes, Lieutenant Commander Guy Bolus, bekannt, dass er nun beabsichtige, für einen Zeitraum von drei Stunden zu tauchen. Beobachter an Bord des Begleitschiffes *Grebecock* sahen dabei zu und waren einigermaßen verwirrt, dass das Boot, statt zu tau-

(Gegenüber) HMS *Thetis* lief am 29. Juni 1939 auf der Cammel Laird Werft vom Stapel. (Rechts) Das T-Klasse-Unterseeboot während seiner ersten Probefahrten im Mai des darauf folgenden Jahres.

chen, lediglich eine halbe Stunde vorlastig, also mit abwärts gerichtetem Bug, weiterfuhr, als würde es lediglich einmal das Wasser testen. Was war passiert? Eventuell war das Boot zu leicht: Durch die doppelte Anzahl von Personen an Bord wurde zusätzlicher Ballast in den Torpedorohren über das Wasser in den Trimm- und Regelzellen hinaus benötigt, um wirklich tauchen zu können. An Bord der *Thetis* hatte Bolus befohlen zu prüfen, ob das Boot über ausreichende Mengen Wasser verfügte. Lieutenant Frederick G. Woods, der Torpedo-Offizier, machte sich auf den Weg ins Vorschiff, um das festzustellen. Er überprüfte jedes einzelne Torpedorohr. Schenkt man den Berichten Glauben, so befanden sich ausschließlich in Rohr Nr. 6 geringe Mengen Wasser. So weit schien alles in Ordnung zu sein. Was der Torpedo-Offizier allerdings nicht ahnen konnte war, dass der Prüfhahn an Rohr Nr. 5 nicht korrekt anzeigte.

Einer der Anstreicher hatte die Innenseite der Verschlussklappe mit einer Schicht Schutzfarbe überzogen. Er vergaß jedoch, anschließend wieder ein »Loch« für den Prüfhahn zu bohren. So hatte er einfach weitergepinselt und die kleine, aber lebenswichtige Einrichtung durch seine Nachlässigkeit lahm gelegt.

Fotos aus dem Vorschiff eines Unterseeboots der Royal Navy, die in den 30er Jahren aufgenommen wurden. (OBEN) Besatzungsmitglieder laden einen Torpedo in das Rohr Nr. 4. Die hinteren Schotts von Rohr Nr. 5 und 6 liegen unter Decksniveau und sind daher schwierig zu erreichen. Auf See musste eines der Schotts (RECHTS) immer geschlossen und gesichert bleiben.

Schließlich prüfte Woods auch noch, ob sämtliche Mündungsklappen an den Torpedorohren korrekt geschlossen waren. Dafür gab es spezielle Anzeigen, doch diese wurden durch eine Stahlstrebe teilweise verdeckt und waren deshalb nur sehr schwer zu erkennen. Statt dessen prüfte Woods die Stellung der Hebel für die Mündungsklappen. Doch da gab es ein Problem, das er unberücksichtigt ließ. Die Hebel für die Klappen an Rohr Nr. 5 und Nr. 6 funktionierten nämlich gegenläufig zu denen der anderen vier Rohre. Im Klartext heißt das: Wenn sämtliche Hebel in eine Richtung zeigten, waren die Mündungsklappen der Rohre Nr. 1 bis 4 *geschlossen*, während die der Rohre Nr. 5 und 6 *offen* waren. Aller Wahrscheinlichkeit nach hat Woods also nur einen kurzen Blick auf die Stellung der Hebel geworfen, festgestellt, dass alle in eine Richtung wiesen, und angenommen, dass deshalb alles seine Richtigkeit habe. Damit war das einzige, was im Augenblick noch zwischen der See und dem Innenraum der *Thetis* stand, die Verschlussklappe von Rohr Nr. 5!

Woods befahl einem Matrosen, jedes einzelne Torpedorohr durch Öffnen der jeweiligen Verschlussklappe noch einmal zu überprüfen. Die ersten vier Verschlusskappen wurden geöffnet und waren leer. Der Mechanismus der fünften schien ein wenig schwergängig. Als Woods und der Matrose es schließlich in gemeinsamer Anstrengung geschafft hatten, den Griff zu drehen, schoss sofort ein dicker Strahl Wasser in die Abteilung. Das Füllvolumen eines solchen Torpedorohres liegt bei rund sechs Tonnen. Hektoliterweise strömte nun das Wasser durch das jetzt sowohl see- als auch bootsseitig offene Torpedorohr mit seinem Durchmesser von 21 Zoll (ca. 53 Zentimeter).

Jetzt begann die *Thetis* urplötzlich zu tauchen. Das Boot schwankte und ruckte, während es immer tiefer sank und schließlich bei rund 50 Meter mit dem Bug zuerst auf dem Meeresgrund aufschlug. Dort blieb es dann bewegungslos in einem Winkel von etwa 40 Grad in Schlick und Sand stecken – es sah aus wie ein riesengroßer Pfeil, der sein Ziel verfehlt hatte.

Die Mannschaft versuchte, Druckluft in die Haupttauchzellen zu blasen. Aber es nützte nichts. Immer noch strömte das Wasser in dickem Strahl in den Torpedoraum. Wenn man die Überflutung auf diesen Bereich begrenzen könnte, bestand noch eine Chance, das Boot zu retten. Doch die Männer schafften es nicht, das Kugelschott zwischen dem Torpedoraum und der nächsten Abteilung zu schließen, weil der Winkel, in dem das Boot zum Stillstand gekommen war, dies verhinderte. Darüber hinaus hatte sich auch noch einer der nicht weniger als 18 Vorreiber, eine Art Spannschloss, verklemmt. Daraufhin zog sich die Besatzung in die nächste Abteilung zurück, wo sie es endlich schaffte, zumindest dort das Kugelschott zu schließen.

Wie ein Unterseeboot **taucht** und **auftaucht**

Ein Unterseeboot kann tauchen und auftauchen, weil es über seine Tauchzellen Einfluss auf den eigenen Auftrieb nimmt.

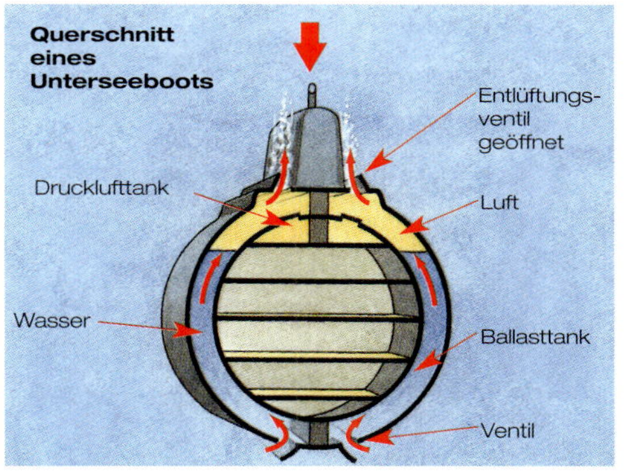

Tauchen: Zum Tauchen wird Wasser in die Tauchzellen geleitet, während diese entlüftet werden. Sobald das Boot schwerer als das Wasser ist (negativer Auftrieb), sinkt es.

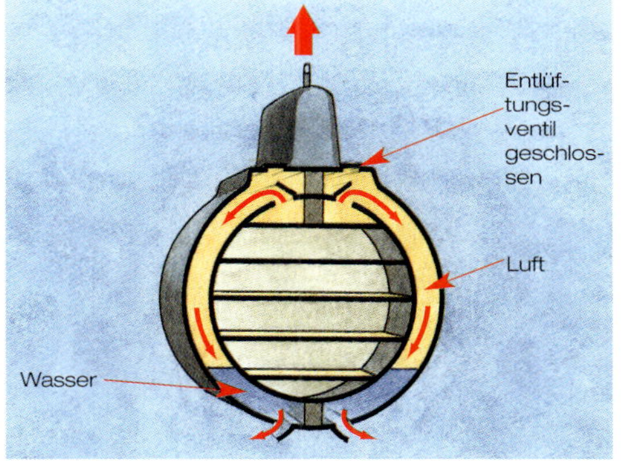

Auftauchen: Zum Auftauchen wird Druckluft in die Tauchzellen geleitet und das Wasser hinausgepresst. Sobald das Boot leichter als das Wasser ist, (positiver Auftrieb), steigt das Boot.

Verwirrung und Inkompetenz auf der Wasseroberfläche vergrößerten die Probleme des Unterseebootes zusätzlich. Der Schlepper *Grebecock* hatte an einer Stelle den Anker fallen lassen, an der man das Unterseeboot vermutete. Tatsächlich war man damit jedoch fast vier Seemeilen von der Position entfernt, an der die *Thetis* tatsächlich im Meeresboden steckte. Um die Verwirrung perfekt zu machen, bestimmte die Royal Air Force auch noch die Position einer Rettungsboje falsch: Die Abweichung betrug sieben Seemeilen!

Die *Thetis* war mit zwei Blinkbojen ausgerüstet, die manuell vom Inneren des Unterseebootes ausgelöst wurden. Sobald sie freigegeben wurden, stiegen diese Bojen zur Oberfläche auf, wobei sie stets durch ein Drahtseil mit dem Boot verbunden blieben. Darüber hinaus gab es auch noch zwei Unterwasserkanonen. Damit wurden »Granaten« verschossen, die, sobald sie die Wasseroberfläche durchbrachen, ein Leuchtsignal zündeten. Wenige Minuten vor vier Uhr nachmittags gab Bolus den Befehl, rote Leuchtgranaten zu schießen.

Die eingeschlossenen Seeleute waren eigentlich guter Hoffnung, dass von dem Augenblick an, da man auf der *Grebecock* die roten Leuchtsignale und die Seenotbojen entdeckte, die Rettungsoperationen beschleunigt würden. Was die Besatzung allerdings nicht wissen konnte, war, dass die hintere Boje nie die Oberfläche erreichte, da sie sich im Heck des Bootes verfangen hatte. Die Boje aus dem Vorschiff dagegen war zwar bis zur Oberfläche gestiegen, hatte sich dann jedoch durch die heftig Strömung losgerissen und abgedriftet.

Zu diesem Zeitpunkt war bereits der größte Teil des Vorschiffs der *Thetis* überflutet. Aber auch jetzt war noch nicht alles verloren. Die Boote der neuen »T«-Klasse gehörten zu den ersten, die bereits von vornherein mit einer Fluchtschleuse gebaut worden waren, durch die die Besatzungsmitglieder mit ihren Davis-Atemgeräten ein gesunkenes Unterseeboot verlassen konnten. Vielleicht, so schlug einer aus der Mannschaft vor, könnte man sogar mit Hilfe der Fluchtschleuse das ganze Unterseeboot retten. Dazu bräuchte lediglich ein Mann mit einem Davis-Tauchretter durch die Schleuse in den überfluteten Bereich vorzudringen und das verklemmte Kugelschott zu schließen. Anschließend sollte es dann eigentlich möglich sein, das Wasser aus dem Vorschiffsbereich heraus zu pumpen. Der Plan war zwar riskant, denn der Sauerstoffvorrat in den Davis-Tauchrettern reichte nur für eine knappe halbe Stunde, hatte aber durchaus Erfolgsaussichten.

Der Erste Offizier meldete sich freiwillig. Nachdem er das Atemgerät angelegt hatte, betrat er die Fluchtschleuse, und das Wasser strömte herein. Es hatte schon beinahe die Höhe seines Kopfes erreicht, als er signalisierte, dass etwas schief lief und er die Schleuse wieder verlassen müsse. Andere Männer versuchten es nach ihm, doch auch sie scheiterten. Damit war nun noch das Problem hinzugekommen, das Wasser wieder aus der Fluchtschleuse schaffen zu müssen. Schon bald war klar, dass der einzige Weg darin bestehen würde, es von Hand zu lenzen. Dazu musste eine Eimerkette gebildet und das Wasser so nach achtern gebracht werden. Es war eine zeitaufwendige, mühselige Arbeit, die den Männern die letzten Kräfte raubte und bei der Unmengen des kostbaren Sauerstoffs verschwendet wurden. Bolus gab den Plan endgültig auf. Die letzte Hoffnung war eine Entleerung des überfluteten Bereichs. Dadurch wäre die *Thetis* dann leicht genug, wieder auftauchen zu können, doch die dazu notwendige Menge an Druckluft musste von der Wasseroberfläche kommen.

Die achterliche **Fluchtschleuse**

(GEGENÜBER, RECHTS) Die Fluchtschleuse eines Unterseebootes der britischen T-Klasse. Kugelschotts ermöglichen den Zugang von allen Seiten. (GEGENÜBER, LINKS) Die Abläufe beim Verlassen des Bootes waren denkbar einfach. (OBEN) Einen Davies-Tauchretter, das britische Gegenstück zur »Momsen-Lunge«, tragend, betritt ein Besatzungsmitglied die Fluchtschleuse und schließt die wasserdichte Tür hinter sich. (MITTE) Anschließend löst es die Verriegelung des oberen Luks und öffnet das Ventil zum Fluten der Kammer mit Seewasser. (UNTEN) Sobald die Kammer geflutet ist, stößt das Mannschaftsmitglied das obere Luk auf und steigt zur Wasseroberfläche auf. Nachdem die Kammer wieder gelenzt ist, kann sie vom nächsten Besatzungsmitglied betreten werden, das dann den Vorgang wiederholt.

124
MADE IN ENGLAND

Rettungsschiffe nähern sich von allen Seiten dem über die Wasseroberfläche hinausragenden Heck der gesunkenen *Thetis* (in der Mitte zu erkennen).

Im Augenblick blieb den eingeschlossenen Männern also nichts anderes übrig, als zu warten und die ihnen verbliebenen Kräfte zu schonen. Gegen acht Uhr abends gab es immer noch nicht das geringste Anzeichen dafür, dass an der Wasseroberfläche irgendetwas unternommen wurde. Die Welt schien die Männer vergessen zu haben. Die verbliebene Luft wurde immer schlechter. Die Seeleute legten sich einer nach dem anderen in Erwartung einer unruhigen Nacht nieder. Sie hatten vor, es am nächsten Tag noch einmal mit der Fluchtschleuse zu versuchen.

Am Morgen entdeckte die Crew des Zerstörers *Brazen* das Heck des Unterseebootes unmittelbar unter der Wasseroberfläche. So schnell wie möglich legte sich der Zerstörer daneben. Zur großen Überraschung aller tauchten plötzlich zwei Menschen aus der Tiefe auf, Captain H. P. Oram, der Kommandeur der 5. U-Boot-Flot-

Nachdem der letzte Überlebende aus dem Wasser geborgen war, wurden Trossen zum Heck des Unterseebootes ausgebracht (OBEN, LINKS), und ein Schlepper versuchte, es hochzuziehen (DARUNTER LINKS UND RECHTS), damit Taucher in das havarierte Boot gelangen konnten.

tille, der als einer der Gäste an Bord gewesen war, und Lieutenant Woods, der Torpedo-Offizier. Beide trugen einen Davis-Tauchretter. Etwa eine Stunde später tauchten zwei weitere Männer auf. Leading Stoker Walter Arnold und Frank Shaw, ein Monteur von der Werft Cammell Lairs. Die Überlebenden berichteten von den Zuständen an Bord der *Thetis* und dass diese mit jeder Stunde, die verging, immer schlimmer wurden. Die Männer, die sich noch an Bord befanden, seien schwach und verwirrt, und einige von ihnen seien bereits in Ohnmacht gefallen. Sie würden kaum noch länger durchhalten können.

In der Zwischenzeit war am Meeresboden noch etwas schief gelaufen. Der Matrose, der an der Fluchtschleuse Dienst getan hatte – und ohne Zweifel sehr benommen, wahrscheinlich sogar kaum noch bei Besinnung war –, hatte vergessen, das Getriebe für das Aussenluk wieder freizugeben, weshalb es nun nicht mehr von

innen bedient werden konnte. Dann hatte er auch noch vergessen, das Flutventil zu schließen, als er in den Maschinenraum zurückkehrte. Das war nun wirklich das Ende. Die See konnte nun völlig ungehindert ins Boot strömen und erhöhte damit den Druck des ohnehin schon hohen Kohlendioxid-Pegels. Die 99 Männer, die sich nach wie vor an Bord befanden, wurden einer nach dem anderen bewusstlos. Kurze Zeit später war auch der letzte gestorben – leise und ohne Schmerzen.

An der Oberfläche wurden währenddessen die Rettungsbemühungen weiter vorangetrieben, doch es schien so, als wollte die Unglücksserie, von der bislang alle Maßnahmen heimgesucht worden waren, nicht abreißen. Gerade als die Taucher so weit waren, sich Zugang zum Unterseeboot zu verschaffen, schlug das Wetter ebenso plötzlich wie heftig um, und die Stahltrossen, die zwischen der *Thetis* und dem Schlepper ausgebracht worden waren, brachen. Schnell geriet das Unterseeboot außer Sicht.

(Oben) Nachdem die *Thetis* gehoben und geborgen worden war, wurde sie am 3. September 1939, dem Tag, an dem Großbritannien Deutschland den Krieg erklärte, in der Moelfre Bay auf Grund gesetzt. (Darunter links und rechts) Die *Thetis* während der Bergung.

Sowohl die *Thetis* als auch die *Squalus* wurden gehoben, instand gesetzt und wieder in Dienst gestellt. Die *Thetis* verrichtete als HMS *Thunderbolt* ihren Dienst recht erfolgreich im Mittelmeer, bis sie am 14. März 1943 vor der Küste von Sizilien von einem italienischen Geleitschiff versenkt wurde. Auch die *Squalus* wurde umbenannt. Sie lief erneut als USS *Sailfish* vom Stapel und war anschließend im Pazifik im Einsatz. Im Dezember des Jahres 1943 versenkte sie einen japanischen Flugzeugträger und drehte anschließend bei, um Überlebende aufzunehmen: Unter den Geretteten befanden sich auch einige Besatzungsmitglieder ihres Schwesterbootes *Sculpin*, die kaum einen Monat zuvor von den Japanern gefangen genommen worden waren.

Die HMS *Thunderbolt* (UNTEN, LINKS). (DARUNTER UND RECHTS) Feierlichkeiten bei der Indienststellung der USS *Sailfish*.

Kapitel 6: **Der U-Boot-Krieg**

Heute rotten ca. 780 U-Boote, meist mit ihrer gesamten Crew, auf dem nordatlantischen Meeresgrund zwischen Norwegen und den Westindischen Inseln dahin. Sie stellen die größte Flotte von gesunkenen Unterseebooten der Geschichte dar. Unter dem einfallsreichen und dennoch bescheidenen Admiral Karl Dönitz schafften sie und ihre Schwesterboote es nicht, den Sieg für Deutschland zu erstreiten. Jetzt lösen sie sich langsam in die Bestandteile auf, aus denen sie vor über 60 Jahren gebaut wurden.

Die *U-309* auf Feindfahrt im Nordatlantik. Gemälde des Marinemalers John Hamilton.

Obwohl die Admiräle auf alliierter Seite sehr wohl wussten, mit welch geringer Anzahl von Unterseebooten die Deutschen bei Ausbruch des Kriegs im September 1939 in den Kampf zogen, hatten sie nicht die geringste Vorstellung davon, wie schlagkräftig diese kleine U-Boot-Flotte tatsächlich war. Sowohl die Briten wie auch die Franzosen hatten Flotten beträchtlichen Umfangs in Dienst stehen. Die Briten konnten 50 Unterseeboote präsentieren, bei den Franzosen waren es sogar 70.

Im Gegensatz dazu verfügte Deutschland gerade einmal über 39 hochseetaugliche U-Boote, obwohl Hitler seinem Befehlshaber der U-Boote (BdU) versprochen hatte, dass er schon bald über weit mehr würde verfügen können. Aber was Dönitz an Stückzahlen fehlte, machte er durch die Qualität der einzigartigen Ausbildung und durch engagiertes Personal wieder wett.

Dönitz wählte höchstpersönlich jeden einzelnen Mann aus und forderte von ihm, sich einem Ausbildungsplan zu unterwerfen, der schon bald berüchtigt war. Nur die wirklich besten schafften es. Mag sein, dass es eine Qual war, sich für ein Kommando unter Dönitz zu qualifizieren, aber es gab niemanden, der sich freiwillig hätte wieder wegversetzen lassen. Mitglied der *U-Bootwaffe* zu sein, hieß nun einmal, einer Elitetruppe anzugehören, die uneingeschränkt bewundert wurde. Außerdem gehörten die U-Boot-Fahrer zu den höchstbezahlten Soldaten aller deutscher Teilstreitkräfte. Sie selbst hielten sich für die besten Unterseeboot-Fahrer der Welt. Unter der sorgsamen Führung des damals noch im Range eines Kapitäns zur See stehenden, doch in

Karl Dönitz (OBEN) sollte 1935 die U-Boot-Flotte Deutschlands neu aufbauen. Er war der führende Kopf hinter sämtlichen Taktiken einschließlich der »Wolfsrudel«-Angriffe auf die Geleitzüge, die während des Krieges von den U-Booten angewendet wurden.

Kriegserklärung

Kaum zwölf Stunden nachdem Großbritannien am 3. September 1939 Deutschland den Krieg erklärt hatte, hielt der Kommandant der *U-30* den Passagierdampfer SS *Athenia* irrtümlich für einen Truppentransporter und versenkte das Schiff. 112 der an Bord befindlichen Passagiere verloren dabei das Leben. Die Weltöffentlichkeit reagierte mit Empörung, besonders weil die U-Boot-Waffe geschworen hatte, die internationale Prisen-Ordnung einzuhalten, die für den Seekrieg vereinbart worden war. Aus Angst davor, dass diese Versenkung die USA zum Kriegseintritt veranlassen könnte, erklärte das deutsche Propagandaministerium, Churchill habe hinter dieser Versenkung gestanden, die bis ins Detail geplant worden sei, um Deutschland in Misskredit zu bringen. (RECHTS) Überlebende der *Athenia*.

(Links und oben) Mit Ausbruch des Krieges stieg die Zahl der in Deutschland gebauten U-Boote drastisch an. 19 Werften in elf Städten, darunter Hamburg, Kiel und Wilhelmshaven, bauten 1 174 U-Boote, die schließlich vom Stapel liefen. Ab 1942 standen auch Docks in befestigten U-Boot-Bunkern in Frankreich zur Verfügung. (Oben und unten) U-Boot Besatzungen hissen die neue Kriegsflagge des Dritten Reiches.

»Das Wissen, das man sich in diesem einzigen Jahr der Ausbildung, in dem die Mannschaften bis an die Grenzen der menschlichen Ausdauer belastet wurden, aneignet, war der Grundstein für das künftige Gefüge der U-Boot-Waffe.«

Kommentar eines U-Boots-Kommandanten zum Ausbildungsprogramm von Karl Dönitz

Eine **Kriegswaffe** wird geschärft

Karl Dönitz revolutionierte das U-Boot-Ausbildungsprogramm, um so zu dokumentieren, wie er Unterseeboote verstanden wissen wollte: als die wirksamste aller Waffen, die Deutschland zur Verfügung stand. Von seiner U-Boot-Elite forderte er sowohl grenzenlose Begeisterung als auch vollständiges Vertrauen. Im Laufe Hunderter umfassender Übungsangriffe lernten seine Mannschaften, ihr Boot in feindlichen Gewässern sowohl in Fahrt an der Oberfläche wie getaucht, küstennah und auf hoher See zu beherrschen. Sie perfektionierten Pirschtechniken für Tages- und Nachteinsätze und wurden zu Experten in der Einschätzung feindlicher Bewegungen bei taktischen Angriffen, besonders was Geleitzüge und feindliche Flugzeuge anging.

Dieses Gemälde des Marinemalers Randall Wilson zeigt den brennenden britischen Flugzeugträger HMS *Courageous*, nachdem dieser von Torpedos getroffen wurde, die die *U-29* auf ihn abgefeuert hatte. Die beiden Flugzeuge, die am Träger vorbeifliegen, sind britische Maschinen des Typs Swordfish.

der Folgezeit schnell zum Admiral aufsteigenden Dönitz wurden die Besatzungen und ihre Boote zur homogenen und schlagkräftigen Waffe geformt. Und sie sollten die Art und Weise, wie Unterseeboote in der Gefechtsführung eingesetzt wurden, revolutionieren.

Schon bald begannen die U-Boot-Fahrer von Admiral Dönitz die Reihe ihrer eindrucksvollen Siege. Den ersten errangen sie am 17. September 1939. Der 22 500-Tonnen-Flugzeugträger *Courageous* befand sich auf einer U-Jagd-Patrouille vor der irischen Küste in den Western Approaches, den westlichen Zufahrtswegen zum Ärmelkanal. Acht Flugzeuge des Typs Swordfish waren nach der Meldung gestartet worden, der Dampfer *Kafiristan* sei von einem U-Boot angegriffen worden. Die Suche hatte keinerlei Ergebnisse erbracht, und da der Treibstoff zur Neige ging, drehten die Flugzeuge ab, um zu dem Träger zurückzukehren.

Die letzte Swordfish hatte auf dem Flugdeck aufgesetzt, und die drei Mann starke Besatzung kletterte gerade aus ihrer Maschine, als die *U-29* drei Torpedos auf den Flugzeugträger abfeuerte. Zwei davon trafen ihr Ziel. Rauch und Gischt stiegen von der *Courageous* in den Himmel. Binnen Minuten begann der Träger zu kentern, und die Seeleute sprangen in das ölbedeckte Wasser. Doch mehr als 500 der 1 200 Offiziere und Mannschaftsmitglieder gingen mit der *Courageous* unter.

Der nächste Schlag sollte nicht lange auf sich warten lassen. Dönitz hatte schon seit einiger Zeit einen Angriff auf Scapa Flow in Erwägung gezogen. Der felsige und ungastliche Ort liegt auf den Orkney-Inseln nördlich von Schottland und war der Stützpunkt der britischen Heimatflotte.

Dort lag sie vermeintlich geschützt hinter undurchdringlichen Barrikaden aus Steinwällen, rostenden Wracks, Stahltrossen und anderen Relikten. Doch Dönitz hatte sich immer wieder gefragt, wie undurchdringlich dieser Schutz tatsächlich war. Vielleicht könnte es ein U-Boot schaffen, sich durch die verschiedenen Hindernisse zu winden. Er analysierte Luftaufnahmen und fand schließlich einen Kanal namens Kirk Sound, in dem es eine Engstelle von vielleicht 15 Metern Breite gab, also breit genug, damit ein U-Boot hindurchschlüpfen konnte.

Günther Prien (UNTEN) kommandierte bei seinem kühnen Überfall auf Scapa Flow ein kampfstarkes U-Boot des Typs VIIB, im Blick von der Seite und von oben gezeigt. (GEGENÜBER, OBEN) Eine Luftaufnahme von Scapa Flow, wie es heute mit den Churchill-Sperren aussieht, die links und rechts im Bild zu sehen sind.

Bereits als seine Pläne erst langsam Gestalt anzunehmen begannen, hatte Dönitz entschieden, unter wessen Kommando diese tollkühne Expedition stehen sollte. Günther Prien, ein 31 Jahre alter ehemaliger Offizier der Handelsmarine, hatte längst unter Beweis gestellt, dass er ein überragender U-Boot-Fahrer war und sowohl sein Boot als auch seine Besatzung in und auswendig kannte.

Schon in den ersten Tagen des Krieges hatte er den britischen Frachter *Bosnia* und zwei weitere Handelsschiffe versenkt. Am 1. Oktober weihte Dönitz Prien in sein Vorhaben ein. Wie der Befehlshaber der U-Boote nicht anders erwartet hatte, reagierte der junge U-Boot-Fahrer begeistert.

Sieben Tage später verließ Priens *U-47*, ein Boot des Typs VIIB, seinen Liegeplatz in Wilhelmshaven und glitt hinaus ins Meer. Prien hatte seine Besatzung zuvor über den Einsatz aufgeklärt und deren Reaktion hatte ihn mit großer Freude erfüllt. Wenn Enthusiasmus und Mut etwas zählten, dann war diese Mission bereits jetzt so gut wie erledigt. Der Name Scapa Flow besaß für die Mannschaft eine besondere Bedeutung. Dort war nämlich zum Ende des Ersten Weltkrieges die deutsche Hochseeflotte versammelt worden, und genau dort war es, wo die Besatzungen die Schlachtschiffe des Kaisers lieber selbst versenkten, als sich zu ergeben und die deutsche Flotte den siegreichen Alliierten zu übergeben.

Am Tage versteckte sich die *U-47* und lag wie ein riesiger Krebs, der auf seine Beute wartet, auf dem Meeresboden. Sobald es Nacht wurde, begann sich das Monster zu rühren, ließ Ballast ab, erhob sich aus dem Schlick und tauchte vorsichtig auf, nachdem es mit Hydrofonen das umliegende Seegebiet sorgfältigst abgesucht hatte.

Endlich lief Prien in den Kirk Sound ein. Der stählerne Druckkörper schrammte an Seiten und Boden der flachen Passage entlang. Dem jungen Kommandanten erschien es unglaublich, aber er konnte kein einziges Schlachtschiff entdecken. War er am falschen Ort? Seine Zweifel wuchsen. Er warf einen Blick hinauf zum Mond. Es war ungewöhnlich hell. Tatsächlich wurde gerade in dieser Nacht die ganze Gegend durch das Nordlicht erleuchtet, das die Szene in eine unwirkliche, theatralische Atmosphäre tauchte. Prien dachte kurz daran, den Einsatz zu verschieben und bessere Bedingungen abzuwarten, entschied sich dann aber doch sehr schnell dagegen und fuhr weiter. Obwohl er noch eine kurze Grundberührung hatte und sich

Seitenansicht
Aufsicht

allem Anschein nach im falschen Seitenarm des Kirk Sound befand, schaffte er es schließlich, Scapa Flow zu erreichen.

Doch auch hier erschien ihm alles geradezu unheimlich ruhig. Eigentlich hätten hier Dutzende von Schiffen liegen sollen. Plötzlich schälten sich die Konturen zweier großer Schiffe aus den dunstigen Schatten. Zusammen mit seinem IWO, dem Ersten Wachoffizier, Engelbert Endrass identifizierte Prien die beiden als *Royal Oak* und *Repulse*, ein Schlachtschiff und einen Kreuzer. (Die *Royal Oak*, ein in die Jahre gekommener Veteran der Jütlandschlacht von 1916, wurde richtig identifiziert. Das zweite Schiff war jedoch nicht die *Repulse*, sondern der Wasserflugzeug-Transporter *Pegasus*.)

Um 0.55 Uhr feuerte Prien vier Torpedos ab, je zwei auf beide Schiffe. Lediglich einer ging ins Ziel und traf die *Royal Oak* in der Nähe des Bugs, wo er ein 15 Meter großes Loch in Höhe der Wasserlinie riss. Der Kommandant des Schlachtschiffs wurde durch die Explosion aus dem Schlaf gerissen und befahl eine Inspektion. Er gelangte zu dem Schluss, dass eine Verpuffung eine kleinere Explosion in einem Lagerraum für Farben aus-

»Hier die neuesten Nachrichten. Wie in den späten Morgenstunden berichtet wurde, bedauert das Marineministerium mitteilen zu müssen, dass die HMS *Royal Oak* aller Wahrscheinlichkeit nach durch einen U-Boot-Angriff versenkt wurde.«

BBC Home Service, am 14. Oktober 1939

gelöst hatte. Niemand war dabei verletzt worden. Dann verriegelte man die wasserdichten Schotten zur beschädigten Abteilung und ging wieder in die Kojen.

An Bord des U-Bootes war Günther Prien über das Fehlen jeglicher Reaktion seitens der Briten völlig verdutzt. Er hatte damit gerechnet, dass der komplette Stützpunkt inzwischen in höchste Alarmbereitschaft versetzt worden wäre, Flutlicht das Wasser erhellen und Leuchtgranaten den nächtlichen Himmel sprenkeln würden. Statt dessen sah er sich mit einer friedvollen, ja fast schon schläfrigen Szene konfrontiert. Prien löste den Hecktorpedo. Doch auch dieser traf sein Ziel nicht, sondern lief sich an Land tot. Als ihm schon ein katastrophaler Misserfolg vor Augen stand, feuerte er die letzten drei Torpedos ab. Alle drei trafen die *Royal Oak* und rissen ihre Steuerbordseite in Fetzen. Ein Munitionsmagazin ging hoch und entfachte einen gewaltigen Brand. Ein Torpedo traf den Maschinenraum. Wie unter Schmerzen erzitternd, kenterte das alte Schlachtschiff langsam nach Steuerbord. Dann hob eine weitere Explosion es beinahe aus dem Wasser. Der Koloss rief eine kleine Flutwelle hervor, als er zurück ins Wasser sackte. Kurz darauf kenterte das alte Schlachtschiff von einer Sekunde zur anderen durch und nahm mehr als 800 der 1 200 Mann starken Besatzung mit in den Tod.

(OBEN) Admiral Dönitz überreicht der Mannschaft der *U-47* das Eiserne Kreuz. (GEGENÜBER) Ein Taucher schwimmt zwischen den Wracks, die absichtlich in Scapa Flow versenkt wurden, um feindliche Eindringlinge abzuwehren. (KLEINES BILD, DARÜBER) Die überwucherten Flugabwehrkanonen der HMS *Royal Oak* und ihre mit einer britischen Kriegsflagge drapierte Schraubenwelle (UNTEN).

Prien setzte sich in Richtung offene See ab und war überzeugt, dass ihnen die britischen Zerstörer bereits auf den Fersen waren. Zweieinhalb Stunden nach seinem Einlaufen in Scapa Flow hatte er schließlich wieder offenes Wasser erreicht, doch niemand folgte ihm.

Als die *U-47* wieder in Wilhelmshaven einlief, wurde sie bereits an der Pier von Dönitz erwartet, begleitet von Großadmiral Erich Raeder, dem Oberbefehlshaber der deutschen Kriegsmarine. Jedes Besatzungsmitglied bekam das Eiserne Kreuz Zweiter Klasse, Prien das Eiserne Kreuz Erster Klasse verliehen. Hitler schickte sein Flugzeug, um alle Mann nach Berlin einfliegen lassen, wo die Bevölkerung auf der Straße wartete, um die Helden willkommen zu heißen. Als Anerkennung für den brillanten und tollkühnen Einfall in Scapa Flow beförderte er Dönitz zum Admiral.

Der britische Flugzeugträger HMS *Ark Royal*.

In London erhob sich Winston Churchill im Parlament und räumte mit grimmiger Miene ein, dass Priens Bravourstück in der Tat bemerkenswert gewesen sei. Anschließend begab er sich persönlich nach Scapa Flow und befahl, die Treibstofftanks zu tarnen und falsche Treibstoffbunker zu bauen, um so die Luftwaffe zu veranlassen, darauf die Bombenladungen abzuwerfen. Darüber hinaus befahl er die Entlassung von Sir William French, dem Kommandierenden Admiral für die Shetland- und Orkney-Inseln. (Prien hatte nur deshalb so wenige Schiffe in Scapa Flow angetroffen, weil die meisten von ihnen ausgelaufen waren, um die deutschen Kreuzer *Köln* und *Gneisenau* zu verfolgen. Lediglich die *Royal Oak* war nach erfolgloser Jagd nach Scapa Flow zurückgekehrt, während der Rest der Heimatflotte in Loch Ewe eingelaufen war.)

Zwei große Kriegsschiffe im Zeitraum von nur zwei Wochen versenkt zu haben, war ein gewaltiger Erfolg für die U-Boot-Flotte. Doch ernsthafte technische Probleme verhinderten einen dritten Triumph. Drei Tage, bevor die *Courageous* versenkt wurde, bekam die *U-39*, ein Boot des Typs IXA unter Kapitänleutnant Gerhard Glattes, den Flugzeugträger *Ark Royal* ins Visier. Glattes feuerte drei Torpedos ab, doch alle versagten aus unerklärlichen Gründen. Die *Ark Royal* revanchierte sich mit Wasserbomben und zwang das unglückliche Boot an die Oberfläche. Glattes, seine Offiziere und Mannschaften wurden gefangen genommen, womit er und sein Boot als Erste auf der Liste der U-Boot-Verluste des Zweiten Weltkrieges standen.

Doch die Probleme mit den Torpedos sollten die U-Boote auch noch weiterhin beschäftigen. Während des Norwegen-Feldzuges im Frühjahr 1940 patrouillierte der inzwischen zum Korvettenkapitän beförderte Günther Prien in der Nähe des Bygden Fjordes, als er auf ein halbes Dutzend Transporter stieß, die von zwei Kreuzern eskortiert wurden. Prien plante seinen Angriff bis ins Kleinste. Er hatte vor, mit der *U-47* unter Wasser anzulaufen, dann aufzutauchen und im Überwasserschuss vier Bugtorpedos zu lösen. Anschließend wollte er die vorderen Rohre neu laden lassen und sich nach dem Abschuss weiterer Torpedos absetzen. Unglück-

Besatzungsmitglieder im Torpedoraum eines deutschen U-Boots. Torpedos instand und in ständiger Einsatzbereitschaft zu halten, war eine schmutzige Arbeit, bei der die Waffen jeden Tag bewegt, nach Abschüssen in die Rohre nachgeladen, sämtliche Teile gewartet und die Batterien aufgeladen werden mussten.

licherweise funktionierte aber nicht ein einziger Torpedo. Zu allem Überfluss lief *U-47* auch noch auf eine Sandbank, und es kostete Stunden, das Boot wieder frei zu bekommen. Um alles noch schlimmer zu machen, hatte der Steuerbord-Diesel Aussetzer durch die Überbelastung. Prien brach daraufhin die Feindfahrt ab.

Nach monatelangen Untersuchungen stellte sich heraus, dass der Fehler im Zündmechanismus der Torpedos lag. Die Deutschen setzten damals zwei verschiedene Arten von Torpedozündern ein: die magnetischen und die Aufschlagzünder. Erstere wurden bevorzugt gegen schwer gepanzerte Ziele verwendet und verfügten über Zünder, die durch das starke Magnetfeld eines Ziels aktiviert wurden. Doch diese Waffen erwiesen sich im Einsatz als sehr unzuverlässig. Die meisten der Magnetzünder-Torpedos passierten unter dem Ziel, ohne zu detonieren. Andere wiederum explodierten viel zu früh und wurden beispielsweise bereits durch die Nähe des Nordpols oder durch unter dem Meeresboden verlaufende Eisenerzvorkommen ausgelöst. Die einfacheren Kontakt- oder Aufschlagzünder bestanden dagegen im Grunde aus einem Zündhütchen und wurden in erster Linie für so genannte »weiche Ziele« wie beispielsweise Handelsschiffe verwendet. Das Problem mit diesen Torpedos war jedoch, dass ihre Zünder nur dann auslösten, wenn sie in einem Winkel von fast genau 90 Grad auf das Ziel auftrafen. Letztendlich lösten es die Deutschen, indem sie sich einen britischen Torpedo verschafften und dessen Zündmechanismus kopierten.

Doch die Untersuchungen der Torpedo-Fehlfunktionen deckten weitere Probleme auf. Bei den mit empfindlicher Ausrüstung bestückten Torpedos hatte die permanente Bewegung mit den extremen Druck- und Temperaturänderungen chaotische Auswirkungen auf die Systeme. So war beispielsweise die Kammer, in der sich das hydrostatische Ventil befand, über das die Seitenruderflossen des Torpedos gesteuert wurden, nicht luftdicht verschlossen. Folglich wirkten sich Veränderungen des Luftdrucks bei häufigen Tauchmanövern auf die Genauigkeit der Waffe aus. Eine Untersuchung großen Stils führte schließlich zu einer sechsmonatigen Inhaftierung des Mannes, der für die Torpedoentwicklung verantwortlich zeichnete, Konteradmiral Oskar Wehr. Danach begann sich die Qualität der verwendeten Torpedos spürbar zu verbessern.

Ein neues britisches Frachtschiff im Bau. Als der U-Boot-Krieg eskalierte, versuchten die britischen Werften hektisch, mit dem Bedarf an neuen Handelsschiffen Schritt zu halten. Schiffe, deren Konstruktion normalerweise über ein Jahr in Anspruch nahm, wurden jetzt, in erheblich vereinfachter Ausführung, innerhalb von sechs bis acht Monaten gebaut.

Doch ungeachtet der Probleme mit den Torpedos sorgten die U-Boote des Admiral Dönitz weiterhin für hohe Verluste unter den Briten. Die Royal Navy hatte gleich nach Ausbruch des Krieges für die Handelsschifffahrt wieder das Konvoi- bzw. Geleitzugsystem eingeführt. So beliefen sich die Verluste an Handelsschiffsraum während der ersten Monate auf durchschnittlich 80 000 Tonnen pro Monat. Doch von Juni bis Dezember 1940 versenkten die U-Boote im Schnitt monatlich 240 000 Tonnen. Diese schockierenden Zahlen standen in unmittelbarem Zusammenhang mit den verfügbar gewordenen und ausgezeichnet ausgestatteten Stützpunkten in Lorient und später auch in Saint-Nazaire, Brest, La Pallice und La Rochelle, die den Deutsche allesamt durch die Kapitulation Frankreichs zugefallen waren.

Dabei stellten die Deutschen fest, dass die Instandsetzungseinrichtungen von Lorient sogar noch besser waren als die eigenen zu Hause. Gleichwohl war der größte Vorteil, der sich durch die Besetzung Frankreichs ergeben hatte, eindeutig der geografische. Vor dem Juli 1940 mussten die U-Boote rund 450 Seemeilen durch die Nordsee zurücklegen und den Norden der britischen Inseln umrunden, bevor sie hinaus in den freien Atlantik gelangten. Jetzt konnten sie dank der Stützpunkte in Frankreich rund eine Woche Fahrzeit einsparen. Auf die für ihn typische Art berechnete Dönitz, dass dies die Schlagkraft der Flotte um rund 20 Prozent heraufsetzen würden, ohne dass er dazu auch nur ein einziges U-Boot mehr benötigte. Außerdem profitierte Dönitz in ganz erheblichem Umfang von der kompetenten Arbeit des Beobachtungs- oder kurz: B-Dienstes der Kriegsmarine, der feindliche Funksprüche abhörte und zu dem eine Dechiffrierabteilung gehörte, die ihn kontinuierlich mit Informationen über Geleitzugbewegungen der Alliierten informierte.

(OBEN, LINKS) Eine U-Boot-Besatzung auf dem Rückmarsch zum Heimathafen.
(RECHTS) Brückenausgucks halten Ausschau nach Handelsschiffen.

Erstaunlich war, dass in der Zeit zwischen Juni und Dezember des Jahres 1940, an die sich die Veteranen unter den U-Boot-Fahrern gerne als »die glückliche Zeit« erinnern, kaum je mehr als ein Dutzend U-Boote zur gleichen Zeit auf Feindfahrt im Atlantik war. So war es eigentlich nicht weiter verwunderlich, dass Dönitz zu der Ansicht gelangte, als einziger wirklich über die Waffe zu verfügen, mit der er den Krieg für Deutschland gewinnen konnte.

Gegen Ende des Jahres 1940 begann Dönitz dann, erste Schritte seiner »Wolfsrudel«-Theorie, kurz »Rudeltaktik« genannt, in die Tat umzusetzen. Unter seiner Regie bezogen dabei Gruppen von U-Booten Position entlang der Geleitzug-Routen. Die britischen Eskorter verwendeten inzwischen das so genannte ASDIC. [*Anti-*, in einigen Quellen auch *Allied-Submarine-Detection-Investigation-Commitee*, war eigentlich der Name für den Ausschuss, der sich seit dem Ersten Weltkrieg mit Unterseeboot-Abwehr-Erkennungs- und Ortungseinrichtungen befasste. Aus dieser Zeit stammt auch die Übernahme des Institutionsnamens für die Geräte. Die US-Bezeichnung ist *Sonar* (A.d.Ü.)]. Dieses Unterwasser-Ortungssystem war nicht nur in der Lage, in der Nähe befindliche Unterseeboote zu erfassen, sondern gleichzeitig auch ihre genaue Position anzugeben. Leider arbeitete es jedoch nur dann einwandfrei, wenn ein Unterseeboot getaucht lief. Diesen Nachteil verstand Dönitz zu nutzen, indem er die U-Boote tagsüber hinter den Konvois her laufen und im Laufe der Nacht aufgetaucht angreifen ließ.

»Bei einem Angriff ist es von lebenswichtiger Bedeutung, dass man mit größtmöglicher Macht angreift ... Massierte Ziele sollten folglich auch von massierten U-Boot-Kräften angegriffen werden.«

Admiral Karl Dönitz über seine »Wolfsrudel«-Angriffstaktik

In der Regel griffen bei dieser Taktik immer mehrere U-Boote gleichzeitig an, wodurch sie die Geleitkräfte aufsplitterten. Einige Boote konnten sich nicht selten sogar bis ins Zentrum eines Konvois durcharbeiten, dort zusammen mit den Handelsschiffen laufen und diese eins nach dem anderen versenken. Ein U-Boot-As beispielsweise, Kapitänleutnant Joachim Schepke, der Kommandant der *U-100*, schlüpfte einmal mitten in einen Geleitzug hinein und versenkte bei dieser Gelegenheit sieben Schiffe mit einer Gesamttonnage von über 50 000 Tonnen. Im Oktober 1940 musste ein Geleitzug den katastrophalen Verlust von 32 seiner 35 Schiffe hinnehmen.

Dönitz steuerte diese gewaltigen Operationen so gut wie allein und führte die Flotte dabei ausschließlich über Funk. Gegen Ende des Jahres wies er seine Kommandanten an, jede Sichtung eines Geleitzuges sofort per Funkspruch ans Hauptquartier zu melden, wodurch er Verstärkung heranführen konnte, sollte sich diese als notwendig erweisen. Gleichzeitig war er dadurch in der Lage, die Aktionen Minute für Minute verfolgen zu können. Der derart ausgeweitete Funkverkehr forderte schließlich seinen Preis. Durch die fast ununterbrochene Kommunikation zwischen den Booten und Dönitz konnten die Briten die Bewegungen der U-Boote verfolgen.

Einen weiteren Rückschlag für die deutsche U-Boot-Waffe gab es im August 1941, was die Deutschen zu diesem Zeitpunkt allerdings

John Hamiltons aufrüttelndes Gemälde dokumentiert das Ausmaß der Zerstörung, das eines der »Wolfsrudel« von Admiral Dönitz hinterließ, nachdem es in einen Geleitzug von Handelsschiffen eingedrungen war.

John Hamilton

Aus der **Perseus** entkommen

Dass John Capes aus der HMS *Perseus* entkommen konnte, gehört zu den bemerkenswerten Geschichten über Glück und Mut an Bord von Unterseebooten im Zweiten Weltkrieg. Capes (UNTEN), ein Stoker der Royal Navy, befand sich auf der HMS *Perseus*, als das britische Unterseeboot während einer Patrouillenfahrt im Ionischen Meer am 6. Dezember 1941 auf eine Mine lief. Die Schäden waren verheerend. Wasser brach ins Boot ein, was dazu führte, dass es binnen Minuten mit dem Bug voran auf den Meeresboden sank, wobei der größte Teil der Besatzung starb (LINKS). Capes selbst war verwundet, überlebte aber wie durch ein Wunder den Untergang. Mit erstaunlicher Kraft und Kaltblütigkeit schaffte er es, das Fluchtluk zu öffnen, doch zu diesem Zeitpunkt waren die anderen bereits tot oder bewusstlos. Nur Capes gelangte aus dem voll laufenden Unterseeboot ins freie Wasser. Er verwendete einen Davis-Tauchretter als Rettungsweste und schwamm mehrere Stunden im eisigen Wasser, bis er am Strand der griechischen Insel Kephalonia zusammenbrach. Dorfbewohner fanden ihn am nächsten Morgen und gewährten ihm 18 Monate lang Unterschlupf, bis sie ihn in die Türkei schmuggeln und so in Sicherheit bringen konnten. 1998 entdeckte der griechische Taucher Kostas Thoktarides, der auch das Foto auf der gegenüberliegenden Seite aufnahm, das Wrack der *Perseus*, deren Fluchtluk immer noch offen stand, so wie Capes es hinterlassen und beschrieben hatte. Alles im Heckbereich sah noch genauso aus, einschließlich der Flasche Rum, die Capes noch wenige Minuten vor der Explosion genoss. Wahrscheinlich hat der Alkohol mit dazu beigetragen, ihm das Leben zu retten. John Capes starb 1985 im Alter von 75 Jahren.

noch nicht wussten. Es war den Briten gelungen, eine Enigma-Chiffriermaschine in ihren Besitz zu bringen, über die der gesamte verschlüsselte Funkverkehr der U-Boot-Flotte lief. Britische Dechiffrierungsexperten im nahe London gelegenen Bletchley Park konnten so den von der deutschen Kriegsmarine verwendeten Code knacken. Die Briten gingen dazu über, ihre Geleitzüge zu schützen, indem sie sie umdirigierten. Was die Deutschen anging, so waren sie über das plötzliche Fehlen von Aktionen sicherlich erstaunt, jedoch nicht misstrauisch geworden. Im althergebrachten Schlagabtausch zwischen Angriff und Verteidigung, wie er im Seekrieg üblich ist, kam es immer wieder vor, dass sich die eine Seite für kurze Zeit einen Vorteil verschaffen konnte, um ihn dann wieder an den Gegner zu verlieren. So schafften es die deutschen Dechiffrierexperten nämlich ihrerseits, in den Haupteinsatzcode der Royal Navy einzudringen, und befanden sich bereits auf dem besten Wege, auch den Marinecode zu knacken, der bei Geleitzügen gemeinsam von den Briten, Kanadiern und den noch immer neutralen Vereinigten Staaten verwendet wurde.

In der zweiten Hälfte des Jahres 1941 veränderten zwei Ereignisse den Verlauf des Krieges: Die Deutschen griffen Russland an, die Japaner die US-amerikanische Flotte in Pearl Harbor. Die Möglichkeit eines Krieges gegen die USA hatte Dönitz einige Zeit beschäftigt. Er hatte sogar den Plan für einen U-Boot-Angriff auf den nordamerikanischen Kontinent entwickelt, die Operation »Paukenschlag«. Da Hitler zu dieser Zeit jedoch fest davon überzeugt war, dass die Alliierten in Norwegen landen wollten, verfügte er, dass Dönitz weitere Boote zum Küstenschutz dorthin verlegen sollte. Dadurch sank die Zahl der für »Paukenschlag« verfügbaren Unterwasserfahrzeuge auf kaum mehr ein halbes Dutzend Langstreckenboote des Typs IX und damit auf weniger als die Hälfte der von Dönitz ursprünglich vorgesehenen Zahl.

Am 2. Januar 1942 warnte die britische Admiralität Washington vor der Möglichkeit einer deutschen U-Boot-Offensive gegen die Ostküste der Vereinigten Staaten. Diese nachrichtendienstlichen Erkenntnisse hatte man aus Enigma-verschlüsselten Funksprüchen gewonnen. Doch die Warnung stieß in den USA auf taube Ohren. Als die deutschen U-Boote tatsächlich Mitte des Monats vor der Küste Nordamerikas auftauchten, gab es keinerlei Anzeichen, dass sich Amerika im Kriegszustand befand. Die U-Boot-Fahrer starrten völlig verblüfft auf die hell er-

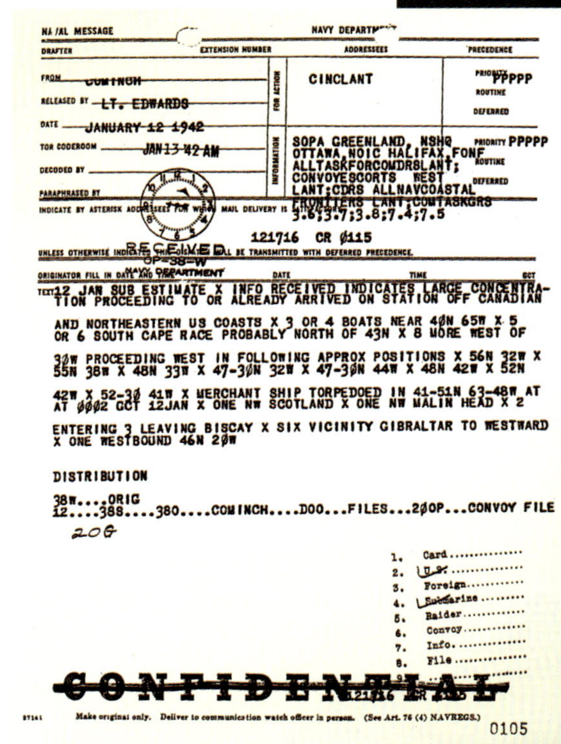
NAVAL MESSAGE NAVY DEPARTMENT
DRAFTER EXTENSION NUMBER ADDRESSEES PRECEDENCE
FROM COMINCH
RELEASED BY LT. EDWARDS
DATE JANUARY 12 1942
TOR CODEROOM JAN 13 42 AM
DECODED BY
PARAPHRASED BY
FOR ACTION: CINCLANT — PRIORITY PPPPP / ROUTINE / DEFERRED
INFORMATION: SOPA GREENLAND, NSHQ OTTAWA, NOIC HALIFAX, FONF ALLTASKFORCOMDRSLANT; CONVOYESCORTS WEST LANT; CDRS ALLNAVCOASTAL FRONTIERS LANT; COMTASKGRS 3.6; 3.7; 3.8; 7.4; 7.5 — PRIORITY PPPPP / ROUTINE / DEFERRED
INDICATE BY ASTERISK ADDRESSEES FOR WHICH MAIL DELIVERY IS SATISFACTORY
121716 CR Ø115
RECEIVED OP-38-W NAVY DEPARTMENT
UNLESS OTHERWISE INDICATED THIS DISPATCH WILL BE TRANSMITTED WITH DEFERRED PRECEDENCE.
ORIGINATOR FILL IN DATE AND TIME DATE TIME GCT
TEXT 12 JAN SUB ESTIMATE X INFO RECEIVED INDICATES LARGE CONCENTRATION PROCEEDING TO OR ALREADY ARRIVED ON STATION OFF CANADIAN AND NORTHEASTERN US COASTS X 3 OR 4 BOATS NEAR 4ØN 65W X 5 OR 6 SOUTH CAPE RACE PROBABLY NORTH OF 43N X 8 MORE WEST OF 3ØW PROCEEDING WEST IN FOLLOWING APPROX POSITIONS X 56N 32W X 55N 38W X 48N 33W X 47-3ØN 32W X 47-3ØN 44W X 48N 42W X 52N 42W X 52-3Ø 41W X MERCHANT SHIP TORPEDOED IN 41-51N 63-48W AT AT ØØØ2 GCT 12JAN X ONE NW SCOTLAND X ONE NW MALIN HEAD X 2 ENTERING 3 LEAVING BISCAY X SIX VICINITY GIBRALTAR TO WESTWARD X ONE WESTBOUND 46N 2ØW

DISTRIBUTION
38W....ORIG
12....38S....380....COMINCH....DOO...FILES...2ØOP...CONVOY FILE
20G

1. Card
2. U.S.
3. Foreign
4. Submarine
5. Raider
6. Convoy
7. Info.
8. File
9.

CONFIDENTIAL
121716 CR Ø115
Make original only. Deliver to communication watch officer in person. (See Art. 76 (4) NAVREGS.)
0105

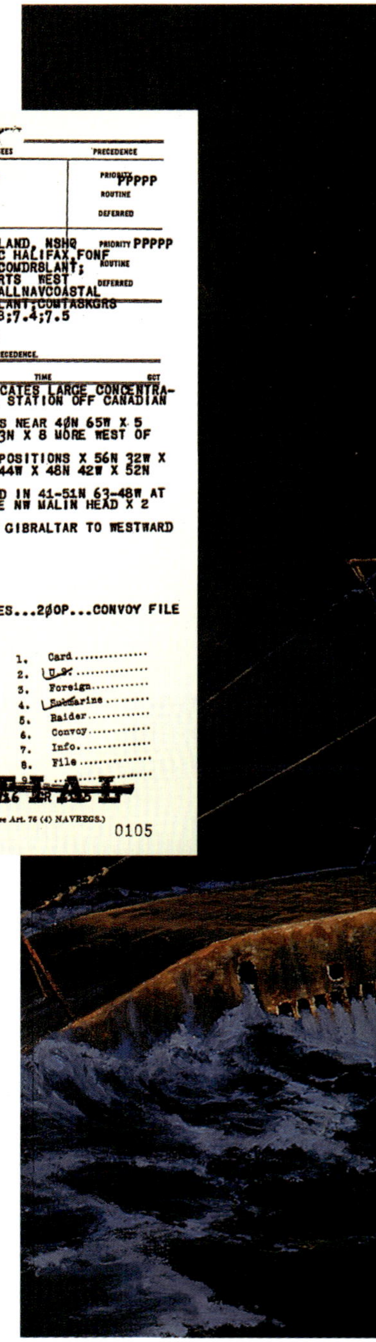

(OBEN) Die Geheimdienst-Zusammenfassung der U-Boot-Positionen und -Kurse, die am 12. Januar 1942 von der britischen Admiralität an das amerikanische Marineministerium in Washington geschickt wurde. (RECHTS) Das Gemälde von Anthony Saunders zeigt einen U-Boot-Angriff in amerikanischen Gewässern in den ersten Tagen der Operation »Paukenschlag«.

leuchteten Küstenstreifen und die entlang der Küste verkehrenden Schiffe, die sich ganz offensichtlich keinerlei Sorgen darum machten, Ziel eines Angriffs werden zu können.

Natürlich gab sich Dönitz nicht der Illusion hin, den Vereinigten Staaten von Amerika mit gerade einmal sechs Unterseebooten eine Niederlage beibringen zu können. Andererseits konnten diese Boote aber, wenn sie richtig eingesetzt wurden, mit Sicherheit eine Menge Ärger verursachen. Er verteilte die Einheiten über ein gewaltiges Seegebiet, das von der Mündung des St.-Lorenz-Stroms im Norden bis zum Cape Hatteras in North Carolina im Süden reichte. Das erste Opfer war der britische 18 000-Tonnen-Frachter *Cyclops*, der am 12. Januar von der *U-123* unter dem Kommando von Richard Hardegen südlich von Cape Cod in Massachusetts versenkt wurde. Dies war der Auftakt zu etlichen Abschüssen, die sich meistens in Sichtweite der Küste abspielten und nicht selten von Urlaubern an den Stränden Floridas, Georgias oder Carolinas beobachtet wurden. Die helle Beleuchtung der amerikanischen Städte und Badeorte erleichterte den U-Booten die Aufgabe sehr, da vor diesem Hintergrund die Silhouetten ihrer Opfer gestochen scharf auszumachen waren. Überraschenderweise erfolgte aber weder von Handelsschiffskapitänen noch von Offizieren der amerikanischen Kriegsmarine ein Antrag, die Verdunkelung für die Küstenstädte zu veranlassen.

Zu dieser Zeit gab es keinerlei Geleitzugsysteme an der amerikanischen Ostküste. Admiral Ernest King, der Oberbefehlshaber der U. S. Navy, meinte, ein unzulänglicher Geleitschutz sei erheblich schlechter als keiner. King sah sich in dieser Zeit mit dem gleichen Mangel an Geleitschiffen konfrontiert wie die Royal Navy. Die Vereinigten Staaten waren in einen Krieg geraten, der sich an zwei Fronten gleichzeitig abspielte, und hatten sich weder auf die eine noch die andere Lage ausreichend vorbereiten können.

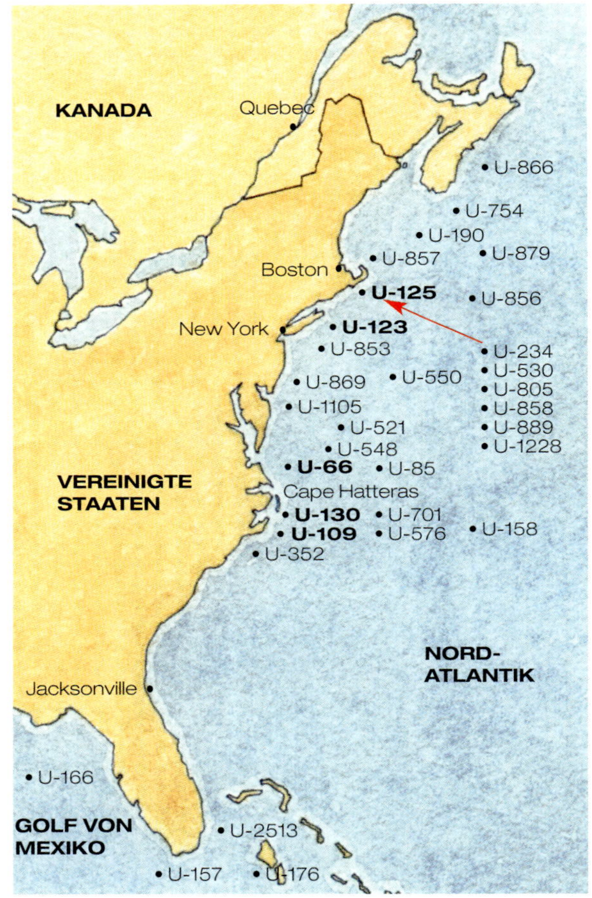

(Oben) Auf dieser Karte ist die U-Boot-Offensive an der amerikanischen Ostküste einschließlich des ersten Überraschungsangriffs, der Operation »Paukenschlag«, Mitte Januar 1942, detailliert dargestellt. Die Namen der fünf daran beteiligten U-Boote sind fett gedruckt.

Am 13. Januar trafen weitere U-Boote des Typs IX an den vorbestimmten Positionen ein: *U-123* in der Nähe der östlichen Spitze von Long Island, *U-125* unter Kapitänleutnant Ulrich Folkers vor New Jersey und *U-66* vor Cape Hatteras in North Carolina. Die *U-123* versenkte den unter panamaischer Flagge fahrenden 9 600-Tonnen-Tanker *Norness* und setzte sich dann in Richtung New York ab. In den frühen Morgenstunden des folgenden Tages versenkte dieses Boot den britischen Tanker *Coimbra*, der sich auf dem Weg nach Halifax in Neuschottland befand. Der 6 768-Tonner flog mit einem Feuerball in die Luft, der von der Küste aus noch deutlich zu sehen war. 36 der 42 Männer an Bord kamen ums Leben. Flugzeuge und Blimps (Kleinluftschiffe) stiegen auf, und eine Vielzahl von kleinen Schiffen machte sich an die Verfolgung des Unterseeboots. Doch mangelte es den Besatzungen an der notwendigen Erfahrung in der U-Boot-Jagd. Reinhard Hardegen, der Kommandant der *U-123*, tat die U. S. Navy als »Papierflotte« ab, »deren Kommandanten entweder inkompetent oder nachlässig oder beides sind«.

Binnen kürzester Zeit hatten die U-Boote in amerikanischen und kanadischen Gewässern rund eine Viertelmillion Tonnen Schiffsraumes versenkt, ohne einen einzigen eigenen Verlust. Dönitz notierte in seinem Kriegstagebuch, dass »es den Amerikanern durch und durch an der nötigen Erfahrung fehlt … Es fanden eher selten Angriffe mit Wasserbomben von amerikanischen Patrouillenbooten aus statt. Die Angreifer zeigen nicht die unabdingbare Beharrlichkeit und geben viel zu schnell auf, obwohl sie ziemlich oft, gerade wegen der untiefen Gewässer, eine gute Chance gehabt hätten, erfolgreich zu sein. Auch die Flugzeugbesatzungen, die in der U-Jagd arbeiten, sind nicht entsprechend ausgebildet.« Binnen weniger Monate sollte Dönitz seine Ansichten über die Fähigkeiten der Amerikaner jedoch wieder ändern.

(Oben) Eine New Yorker Hausfrau wird eingewiesen, wie Verdunkelungsvorhänge richtig aufgehängt werden. Selbst der Broadway blieb nicht von den Verdunkelungsvorschriften für die amerikanische Ostküste verschont, wie auf dem Gemälde »Abgedunkelter Times Square« von James W. Kerr zu sehen ist (rechts).
(Unten) Marines patrouillieren mit ihren Wachhunden am Strand von Florida.

Um die Mitte des Jahres 1942 richtete die U. S. Navy entlang der Ostküste ein Geleitzugsystem ein und ordnete, wenn auch reichlich verspätet, Verdunkelungsmaßnahmen in den Städten an. Darüber hinaus waren durch das von Präsident Roosevelt ein Jahr zuvor in Gang gebrachte Schiffsbauprogramm nun endlich erheblich mehr Geleitschiffe verfügbar. Kurze Zeit später kam es dann auch schon zur Versenkung von dreien der U-Boote, die in amerikanischen Hoheitsgewässern operierten, und zur Beschädigung von zwei weiteren.

US-Küstenwache bringt **deutsches U-Boot** auf

Bereits kurz nachdem die erste Welle deutscher U-Boote im Rahmen der Operation »Paukenschlag« vor der amerikanischen Ostküste eingetroffen war, schlossen sich auch einige Boote der amerikanischen Küstenwache der Flottille kleiner Marinefahrzeuge und Privatjachten an und patrouillierten zusammen mit ihnen in den Küstengewässern. Die U-Boot-Jäger leisteten auch Hilfe bei der Rettung Hunderter Menschen von torpedierten amerikanischen Schiffen, besonders auf den stark befahrenen Seeschifffahrtsstraßen vor North Carolina. Am 9. Mai 1942 barg ein Schiff der Küstenwache wieder einmal Menschen aus See, doch dieses Mal war es die Mannschaft eines deutschen U-Bootes, die ihr Boot aufgegeben hatte. Der 50 Meter lange Kutter *Icarus* hatte die erst eine Woche zuvor in amerikanischen Gewässern eingetroffene *U-352* entdeckt und sofort mit Wasserbomben angegriffen. Nach ihrer Rettung wurden die Überlebenden von der *Icarus* zum Navy Yard von Charleston gebracht. Sie waren die ersten Kriegsgefangenen der USA nach der Kriegserklärung an Deutschland. Lieutenant Maurice D. Jester, dem Kommandanten der *Icarus*, wurde dafür, dass er ein größeres, schnelleres und erheblich stärker bewaffnetes Unterseeboot versenkt hatte, das Navy Cross verliehen.

(Gegenüber) Das gespenstische Wrack der *U-352*. (Kleines Bild) Kapitänleutnant Hellmut Rathge, der Kommandant der *U-352*, und seine Männer gehen von Bord der *Icarus*, um registriert zu werden, bevor man sie in ein Militärgefängnis überführt. (Oben) Taucher schwimmen auf den verrosteten Turm der *U-352* zu. Ein menschlicher Schädel (unten, links) und das hintere Ende eines Torpedos (unten, rechts) dokumentieren das letzte traurige Kapitel der Feindfahrt des Bootes. Der Unterwasserfotograf Brian Skerry machte diese Aufnahmen während eines Tauchgangs zum Wrack, das vor der Küste von North Carolina liegt.

In der Zwischenzeit waren die deutschen U-Boot-Bestände deutlich gewachsen. Im Januar 1943 hatte Dönitz 400 U-Boote unter seinem Kommando. Zu einem anderen Zeitpunkt hätte eine solche Macht ausgereicht, den Krieg zu gewinnen, doch dieser Zeitpunkt war längst verstrichen. Denn inzwischen flossen die U-Jagd-Ausrüstungsgegenstände in großen Stückzahlen von den Fließbändern in England und den USA. Die vielleicht wichtigste Entwicklung dürfte dabei das von britischen Wissenschaftlern entwickelte Cavity Magnetron gewesen sein. Es kann als Wegbereiter des »Zehn-Zentimeter«-Radars angesehen werden. Dabei handelte es sich um das später unter der Typenbezeichnung ASV Mark III bekannt gewordene Gerät, mit dem es möglich geworden war, aufgetaucht laufende Unterseeboote auch noch über eine Entfernung von bis zu zwölf Seemeilen zu orten.

Ein anderes sehr wichtiges Gerät war der MAD (*Magnet-Anomalie-Detector*), eine Variante des Magnetometers, das von der Bergbauindustrie erfolgreich eingesetzt wurde, um Mineralvorkommen unter der Erdoberfläche zu lokalisieren. Die Wirksamkeit der bei der U-Jagd eingesetzten Version beruhte darauf, dass die Bewegung eines Unterseebootes Veränderungen im Magnetfeld der Erde hervorruft. Dieses Gerät wurde vor allem in Flugzeugen eingesetzt, nicht selten in Wasserflugzeugen des Typs PBY. Maschinen dieser Bauart wurden bei den britischen Streitkräften unter der Typenbezeichnung *Catalina* berühmt, wobei die Versionen mit MADs an Bord auch gern als »MAD Cats« bezeichnet wurden. Einer der ganz großen Vorteile des auch heute noch verwendeten MAD besteht darin, dass er im Gegensatz zu Sonargeräten bei der Arbeit kein charakteristisches »Ping« erzeugt, wenn der Suchstrahl auf den Druckkörper eines Unterseebootes trifft, so dass die U-Boote keine Ahnung davon haben, wenn sie auf diese Weise geortet werden. Leider musste sich ein mit einem MAD ausgerüstetes Flugzeug unmittelbar über einem Unterseeboot befinden, wollte es dessen genaue Position erfassen. Doch dann war es wiederum zu spät, eine konventionelle Wasserbombe abzuwerfen, die schließlich in unmittelbarer Nähe des Unterseebootes ins Wasser eintreten musste, um überhaupt wirksam sein zu können. Deshalb rüstete man die Flugzeuge mit so genannten »Retro-Bomben« aus. Wurden diese abgeworfen, ließ eine kleine Feststoffrakete die Bombe auf dem Kurs des Flugzeugs zurückfliegen. Nach Brennschluss fiel die Bombe senkrecht auf das Ziel. Die Flugzeugbesatzungen konnten jedoch nicht feststellen, ob das MAD-Gerät ein U-Boot oder aber das uralte Wrack eines Schleppers auf dem Meeresboden erfasst hatte, da beide die Instrumente in gleicher Weise ansprechen ließen.

Das führte zur Entwicklung eines weiteren sehr erfolgreichen U-Jagd-Gerätes, der Sonar-Boje. Diese besteht aus einem kleinen Sender mit einem Hydrofon, das an einem Drahtseil aufgehängt ist. Die vom Hydrofon aufgenommenen Geräusche werden durch den Sender an das Flugzeug weitergeleitet. Solche Bojen waren dann besonders effektiv, wenn das Flugzeug Torpedos an Bord hatte, die aus der Luft abgeschossen wurden, volkstümlich »Wandernde Annie« oder »Fido« genannt. Torpedos dieser Bauart trugen an der Spitze einen akustischen Sucher, der sich am »Schlagen« orientierte, das durch die Schiffsschrauben von Unterseebooten hervorgerufen wurde.

Auf einer der zahlreichen Werften in Deutschland nehmen die U-Boote langsam Gestalt an. Anfang 1943 verschafften die mit allen verfügbaren Mitteln vorangetriebenen Baumaßnahmen Admiral Dönitz Monat für Monat 20 neue Unterseeboote.

(GANZ OBEN) Besatzungsmitglieder an Bord eines Schlachtschiffs laden Wasserbomben in einen Werfer des Typs »Hedgehog«. (OBEN) Horcher an Bord der australischen HMAS *Rockhampton* verwenden ASDIC, ein Unterwasser-Ortungssystem, um ein feindliches Unterseeboot auszumachen. (RECHTS) Ein Kreuzer aus der Geleitzugsicherung wirft Wasserbomben.

Auch die Überwasserschiffe erhielten ein ganzes Arsenal neuer Waffen, zu denen der »Hedgehog« (»Igel«), eine Waffe mit 24 Wasserbomben, die auf sechs Reihen von Zapfen montiert waren, und der »Squid« (»Tintenfisch«) gehörten, ein dreirohriger Mörser, der Granaten verschoss, die mit fast 100 kg des hochexplosiven Sprengstoffs Minol-II, einer Mischung aus Amatol und Aluminium, gefüllt und mit Aufschlagzündern versehen waren.

Die Auswirkungen der neuen Unterseeboot-Abwehr- bzw. -Jagdwaffen zeigte sich in den immer längeren Verlustlisten bei den deutschen U-Booten. Im Laufe des Jahres 1943 wurde der Krieg unter Wasser immer grausamer und härter. Den Besatzungen der U-Boote wurde von der eigenen Propaganda immer noch versichert, die Alliierten seien nur noch wenige Monate vom Zusammenbruch entfernt. Die neue Generation von U-Booten sei in der Lage, die alliierte Schifffahrt zu dezimieren. Doch die Entwicklung dieser völlig neuen, viel schnelleren und viel schlagkräftigeren Boote dauerte lange. In der Zwischenzeit bekamen die Boote des Typs VII und IX, die seit Kriegsbeginn das Rückgrat der U-Boot-Waffe bildeten, durch die Einführung eines Gerätes neuen Auftrieb, das von seinem niederländischen Erfinder als »Snuiver« bezeichnet und sehr schnell als »Schnorchel« in die deutsche Marineterminologie übernommen wurde.

Binnen kurzem zeigten sich die Boote von Admiral Dönitz mit diesen beiden Rohren. Durch das eine wurde Frischluft angesaugt und durch das andere die Abgase der Dieselmaschinen ausgestoßen. Das war ein

Die Kapitulation der U-Boote in Loch Eriboll vor der schottischen Küste auf einem Gemälde des Kriegsmalers Lieutenant Leonard Frank Brooks.

Einfluss auf den Ausgang des Seekrieges haben können. Doch von den Wunderbooten gab es zu wenige, und sie kamen zu spät.

Dieser Krieg war vorbei – nicht nur zur See. An allen Fronten befanden sich die deutschen Heeresverbände auf dem Rückzug. Am 30. April 1945 ernannte Hitler Großadmiral Dönitz zum Reichspräsidenten und Oberkommandierenden der deutschen Streitkräfte. Kurz darauf beging er Selbstmord. Am 7. Mai befahl Dönitz seinen U-Booten aufzutauchen und Kurs auf die von den Alliierten genannten Häfen zu nehmen. Die meisten befolgten diesen Befehl. Zwei Besatzungen jedoch verweigerten die Ausführung und versenkten ihre Boote selbst. Die *U-977*, ein Boot des Typs VIIC unter dem Kommando von Oberleutnant Heinz Schaeffer, stahl sich aus einem norwegischen Fjord und fuhr mit der kompletten Besatzung um die halbe Welt. Im August versuchten die Männer, in Argentinien an Land zu gehen, um dort ein neues Leben zu beginnen. Doch zu ihrer großen Enttäuschung war der Empfang, den man ihnen in Südamerika bereitete, alles andere als herzlich. Statt in einer neuen Heimat fanden sie sich kurz darauf in argentinischen Gefängnissen wieder.

(GANZ OBEN) Amerikanische Seefahrzeuge und Luftschiffe eskortieren die *U-858* nach ihrer Kapitulation vor Cape May, New Jersey. (OBEN) Kapitänleutnant Thilo Bode, der Kommandant der *U-858*. (RECHTS) Verrostende U-Boot-Torpedos auf einer Werft in Kiel.

Im Nürnberger Prozess beantragte die Anklage, Dönitz als Strafe für den *Laconia*-Befehl zum Tode zu verurteilen. Darin hatte er seinen U-Booten verboten, den Überlebenden von Schiffen zu helfen, die sie versenkt hatten. Als der amerikanische Admiral Chester Nimitz dann aber einräumen musste, dass die U. S. Navy im Pazifik selbst vergleichbar vorgegangen war, wurde das Urteil auf zehn Jahre Haft reduziert. Dönitz saß diese Zeit im Spandauer Gefängnis in Berlin ab. Er starb im Jahre 1980 und war selbst zu diesem Zeitpunkt anscheinend noch fest davon überzeugt, dass der deutsche Marinecode nie entschlüsselt worden sei.

Die Deutschen haben zwischen den Jahren 1939 und 1945 insgesamt 1 174 U-Boote gebaut. 780 davon wurden im Einsatz, 200 von den Besatzungen selbst versenkt. Die Alliierten übernahmen den Rest, brachten sie zu Versuchszwecken in ihre Heimathäfen oder schleppten sie hinaus aufs offene Meer, um sich ihrer vor der Westküste Irlands zu entledigen. Dort liegen sie noch heute.

Der Krieg im **Pazifik**

Während auf der anderen Seite der Welt die U-Boote Deutschlands Großbritannien in die Knie zu zwingen versuchten, fochten die Unterseeboote der U. S. Navy einen vergleichbaren Krieg gegen die Japaner aus. Sie waren die ersten Marineeinheiten, die den Krieg nach Japan trugen. Am 15. Dezember 1941, kaum mehr als eine Woche nach dem Überfall auf Pearl Harbor, versenkte die USS *Swordfish* das erste japanische Handelsschiff in diesem Krieg. Unzuverlässige Torpedos schränkten die Leistungen der Boote zunächst recht nachdrücklich ein, wodurch sie mit den gleichen Schwierigkeiten zu kämpfen hatten wie die deutschen U-Boote in den ersten Monaten des Krieges. Der mit Magnetfeldzündern ausgerüsteten Mark XV versagte oft; er lief entweder zu tief oder wurde zum Kreisläufer, detonierte zu früh oder überhaupt nicht. Nachdem die Magnetfeldzünder im Jahre 1943 gegen Aufschlagzünder ausgetauscht wurden, stieg die Erfolgsquote stark an und damit auch die Zahl der Treffer bei Handelsschiffen, die lebenswichtige Versorgungsgüter nach Japan transportierten. Gegen Ende des Krieges beherrschten die großen, mehr als 100 Meter langen und mit zehn Torpedorohren bestückten Flotten-Unterseeboote die Gewässer um die japanischen Inseln. Alles in allem versenkten sie mehr als fünf Millionen Tonnen Handelsschiffsraum, fast 80 Prozent dessen, was Japan zu Beginn des Krieges besaß. Darüber hinaus fielen ihrer Artillerie und ihren Torpedos auch noch 214 japanische Kriegsschiffe zum Opfer. Die Unterseebootkräfte im Pazifik (14 750 Männer auf 319 Booten) hatten einen überragenden Anteil am Sieg, wofür sie allerdings auch einen hohen Preis zahlen mussten, nämlich 3 500 Gefallene und 52 verlorene Unterseeboote.

Die USS **Wahoo**

Als der legendäre Dudley W. »Mush« Morton am letzten Tag des Jahres 1942 das Kommando auf der USS *Wahoo* (LINKS) übernahm, schaffte er es binnen kürzester Zeit, aus diesem Unterseeboot eine messerscharf geschliffene Waffe zu machen. Während der dritten Patrouille funkte die *Wahoo* Mitte Januar 1943 diese Meldung: »In einem zehnstündigen Artillerie- und Torpedogefecht zerstörten wir einen kompletten Konvoi, bestehend aus zwei Frachtern, einem Truppentransporter und einem Tanker… Sämtliche Torpedos verbraucht.« Als das Boot am 7. Februar 1943 mit einem ans Sehrohr gelaschten Besen, der die »Säuberung« von feindlichen Angriffszielen signalisierte, wieder in Pearl Harbor einlief, wurde seiner Besatzung (OBEN) ein gebührender Empfang bereitet. Von Ende April bis weit in den Mai patrouillierte die *Wahoo* anschließend im Ostchinesischen und Gelben Meer. Obwohl etliche Schiffe angegriffen wurden, gab es durch Fehlfunktionen bei den Torpedos lediglich drei Versenkungen. Schlimmer aber kam es im August. Im fast gänzlich von Land eingeschlossenen Japanischen Meer wurden neun Schiffe angegriffen, und es gelang keine einzige Versenkung! Im September trat die *Wahoo* den Rückmarsch in die Heimat an. Doch sie kam nie dort an. Japanische Meldungen berichteten von einem erfolgreichen Angriff auf ein feindliches Unterseeboot in diesem Seegebiet, zweifellos die *Wahoo* (und offizielle Fotos, die im Jahr 2000 von Japan freigegeben wurden, bestätigen diese Annahme).

Die USS **Tang**

Richard H. O'Kane hatte als Erster Wachoffizier auf der *Wahoo* unter »Mush« Morton gedient und damit den besten letzten Schliff bekommen, den sich der Kommandant eines Unterseebootes nur wünschen konnte. Nachdem die *Tang* (UNTEN) im Dezember 1943 in Hawaii eingelaufen war, konnte sie bald eine ansehnliche Zahl erfolgreicher Angriffe auf japanische Schiffe vorweisen. Auf ihrer ersten Feindfahrt versenkte sie vier Frachter und einen Tanker, wobei sie mit nur 24 Torpedos 16 Treffer erzielte. Die zweite Patrouille wurde zum Rettungseinsatz, als sie während eines dreitägigen Überfalls amerikanischer Flugzeugträger auf den japanischen Stützpunkt auf der Insel Turk 22 abgeschossene amerikanische Flieger in Sicherheit brachte (OBEN UND LINKS). Im Juni und Juli des Jahres 1944 versenkte die *Tang* zehn Schiffe bei einer Reihe von waghalsigen Überfällen im Ostchinesischen Meer. Gegen Ende September begann das Unterseeboot die Patrouille, die zu ihrer letzten werden sollte. Am Morgen des 24. Oktober 1944 griff die *Tang* in der Formosa-See einen japanischen Geleitzug an. Nachdem sie mehrere Handelsschiffe und möglicherweise auch einen Zerstörer erledigt hatte, fuhr sie an das letzte Handelsschiff im Konvoi heran. Sie löste zwei Torpedos. Einer lief einwandfrei, der andere, ihr letzter, allerdings nicht. Er brach aus, drehte einen Kreis nach links und nahm direkten Kurs auf das Unterseeboot. Von den 66 Offizieren und Mannschaftsangehörigen an Bord überlebten lediglich neun Personen, zu denen auch O'Kane gehörte. Den Rest des Krieges verbrachten sie als Gefangene. Nach dem Krieg wurde O'Kane die Medal of Honor verliehen. Obwohl die *Tang* lediglich sieben Monate im Einsatz war, schaffte sie mit 24 versenkten Schiffen einen Rekord.

Die Entdeckung der **I-52**

Das japanische Unterseeboot *I-52* liegt auf 5 243 Metern Tiefe im Atlantischen Ozean, 870 Seemeilen vor den Kapverdischen Inseln. Das Boot wurde 1944, randvoll mit Gummi, Zinn, Opium, Chinin, Wolfram, Molybdän und zwei Tonnen Goldbarren beladen, von einem amerikanischen Flugzeug versenkt. Das etwa 107 Meter lange Schiff diente in den letzten Jahren des Zweiten Weltkrieges dem Nachschubtransfer zwischen Deutschland und Japan. Für Paul Tidwell, einen Bergungsfachmann aus New Orleans, wurde die *I-52* zu einem Puzzle, dem seine ganze Leidenschaft galt. Nach Jahren der Forschung und Ermittlung übernahm Tidwell 1998 die Leitung einer Expedition zu ihrem Wrack, in der Hoffnung, das Gold zu finden, das es an Bord hatte. Diese Expedition brachte faszinierende Fotos des gesunkenen Unterseeboots zu Tage, das mehr als 50 Jahre lang verschollen war. Doch die Goldfracht blieb weiterhin in ihrem stählernen Tresor unerreichbar.

(Ganz oben) Die Flugabwehrkanonen der *I-52* sind immer noch himmelwärts gerichtet und das Heck (oben, links) liegt mit intakten Schraubenschützern weitgehend unbeschädigt am Grund.
(Oben, rechts) Ein ferngesteuertes Tauchboot leuchtet die verblasste Nummer 52 an.
(Gegenüber) Die Fenster des Turms und die Oberflächenradargeräte.
(Unten) *I-52*.

Der *National Geographic*-Fotograf Jonathan Blair begleitete Paul Tidwell auf seiner Expedition zur *I-52* und nahm die bedrückenden Fotos der Wrackteile auf (GEGENÜBER UND RECHTS). (UNTEN) Paul Tidwell zeigt einige der Trümmerstücke, zu denen auch ein versengter Schuh (DARUNTER) gehört. Das Tauchboot *Mir* (RECHTS, MITTLERES FOTO) ermöglichte es der Crew, das volle Ausmaß der Schäden zu dokumentieren. Das Boot war von einem Flugzeug des Typs Avenger von der USS *Bogue* torpediert worden. (GEGENÜBER, KLEINES FOTO) Die Fracht-Unterseeboote, wie diese beiden und die *I-52*, gehörten zu den größten Tauchbooten der Welt.

571

Kapitel 7: **Eine Tragödie im Kalten Krieg**

Rund 30 Jahre lang, also bis zum Fall der Mauer in Berlin, spielten die Unterseeflotten der NATO und des Warschauer Paktes tief unter der Oberfläche der Ozeane Katz und Maus miteinander. Ihre atomgetriebenen Boote starrten vor Waffen. Offiziell befanden sich beide Seiten im Frieden miteinander, doch tief in den kalten Gewässern des Atlantik, Nordatlantik und der Arktis konnte sich die Temperatur dieses Friedens bisweilen beträchtlich erhöhen. Zu Beginn der 60er Jahre kollidierte das amerikanische Unterseeboot *Skipjack* im Pazifik mit einem russischen. Im Dezember 1967 streifte ein russisches Boot im Mittelmeer das amerikanische Atom-Unterseeboot *George C. Marshall.*

Für das Unterseeboot begann das Atomzeitalter im Januar des Jahres 1955, als das amerikanische »Nuke« *Nautilus* die Meldung »Machen Fahrt mit Atomantrieb!« absetzte. Die *Nautilus* repräsentierte genau das Schiff, von dem Unterseeboot-Fahrer seit vielen Jahren geträumt hatten, ein Unterseeboot im wirklichen Sinne des Wortes und kein Tauch-Torpedoboot mehr, mit dem man hin und wieder mal kurz unter der Wasseroberfläche verschwinden konnte. So lange die *Nautilus* und ihre Nachfolger nur ausreichend Verpflegung für die Besatzung an Bord hatten, konnten sie monatelang ununterbrochen unter Wasser bleiben. 1958 unterquerte dieses erste Atom-Unterseeboot die Polarkappe. 1960 fuhr die *Triton*, ein weiteres Unterseeboot mit Atomantrieb, rund um die Welt, ohne ein einziges Mal aufzutauchen. Langstrecken-Atomwaffen machten das atomgetriebene Unterseeboot zu *der* strategischen Waffe für Seestreitkräfte und ließen es damals in seiner Bedeutung sogar noch die Flugzeugträger ausstechen. Andere Unterseeboote, schnittige Jäger und Killer, verfolgten diese Boote wie Schatten.

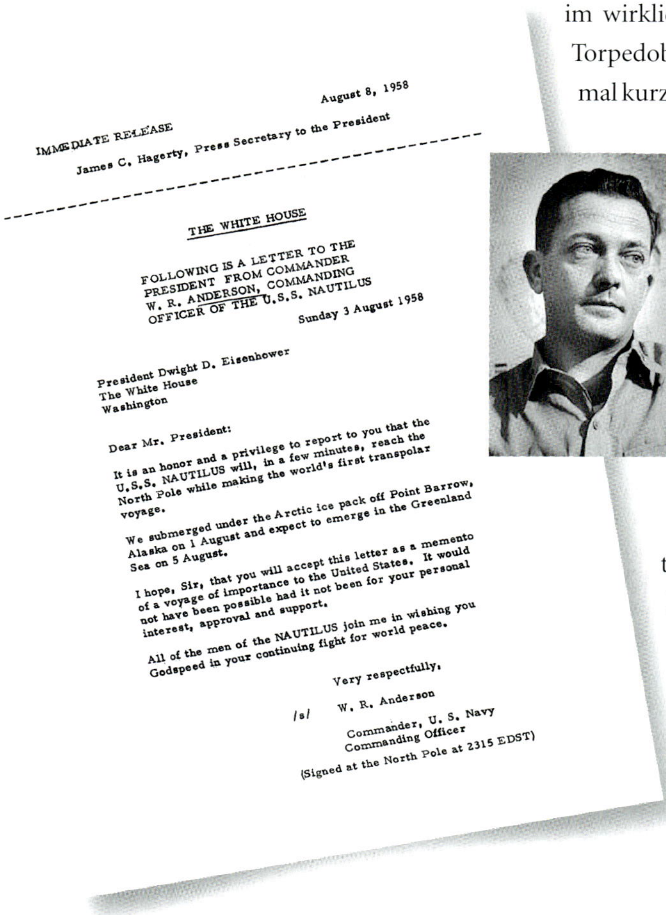

August 8, 1958

IMMEDIATE RELEASE

James C. Hagerty, Press Secretary to the President

THE WHITE HOUSE

FOLLOWING IS A LETTER TO THE PRESIDENT FROM COMMANDER W. R. ANDERSON, COMMANDING OFFICER OF THE U.S.S. NAUTILUS

Sunday 3 August 1958

President Dwight D. Eisenhower
The White House
Washington

Dear Mr. President:

It is an honor and a privilege to report to you that the U.S.S. NAUTILUS will, in a few minutes, reach the North Pole while making the world's first transpolar voyage.

We submerged under the Arctic ice pack off Point Barrow, Alaska on 1 August and expect to emerge in the Greenland Sea on 5 August.

I hope, Sir, that you will accept this letter as a memento of a voyage of importance to the United States. It would not have been possible had it not been for your personal interest, approval and support.

All of the men of the NAUTILUS join me in wishing you Godspeed in your continuing fight for world peace.

Very respectfully,

/s/ W. R. Anderson

Commander, U. S. Navy
Commanding Officer
(Signed at the North Pole at 2315 EDST)

Die **Nautilus** läutet das **Atomzeitalter** ein

Die atomgetriebene USS *Nautilus* (AUF DER VORHERIGEN SEITE beim Einlaufen in den Hafen von New York) wurde kaum mehr als ein halbes Jahrhundert nach dem Zeitpunkt gebaut, an dem die U. S. Navy ihr erstes Unterseeboot, die USS *Holland*, beschafft hatte. In ihrer 25-jährigen Laufbahn, in der sie mehr als eine halbe Million Seemeilen zurücklegte, brach die *Nautilus* fast jeden Geschwindigkeits- und Langstreckenrekord für Tauchfahrten und eroberte auch den Nordpol unter Wasser. (GEGENÜBER, MITTE) Die First Lady Mamie Eisenhower tauft die *Nautilus* am 21. Januar 1954. (GEGENÜBER, OBEN) Die *Nautilus* auf einem Aquarell von Albert A. Murray und ein Querschnitt durch den Rumpf (UNTEN). (LINKS) William R. Anderson, der Kommandant der *Nautilus*, informierte Präsident Eisenhower über die Ankunft des Unterseebootes am Nordpol (DANEBEN).

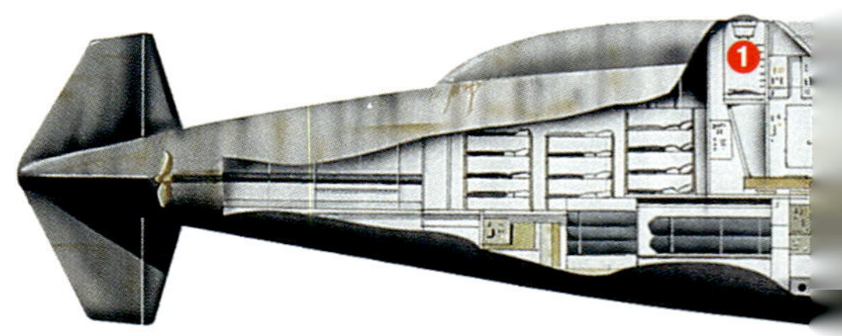

1. Rettungsschleuse
2. Schiffstechnische Zentrale
3. Dampfturbine
4. Kernreaktor
5. Waffenleitstand
6. Torpedo-Leitzentrale
7. Tauchzellen
8. Reservetorpedos
9. Torpedorohre
10. Mit dem Boot verbundene Markierungsboje mit Telefon
11. Radar
12. Maschinenraum
13. Sehrohr
14. Schnorchel

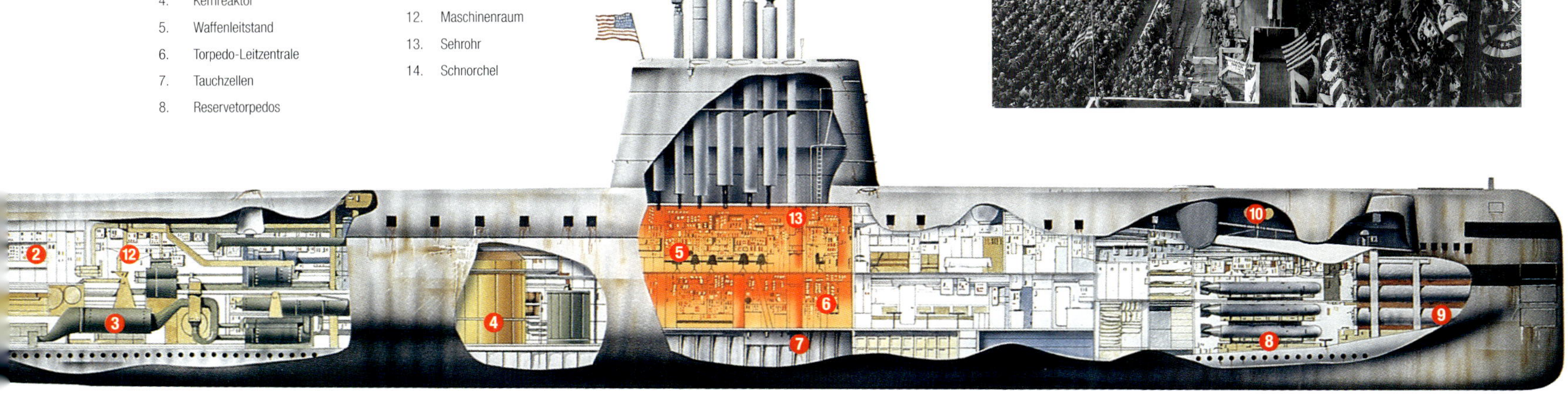

Eine Nation **trauert**

Als das taktische Atom-Unterseeboot USS *Thresher* am 10. April 1963 bei Tieftauchübungen vor der Küste bei Cape Cod nicht wieder an die Oberfläche zurückkam, reagierte die Nation wie betäubt. Zwei Tage später wehten im ganzen Land die Flaggen auf Halbmast, und die U. S. Navy setzte eine Untersuchung in Gang, was sich da in rund 1 700 Metern unter der Oberfläche des Atlantik abgespielt hatte. Schließlich hatte es von der *Thresher* geheißen, sie sei das modernste Unterseeboot der Welt und in der Lage, Geschwindigkeiten und Tiefen zu erreichen, die man bislang nicht für möglich gehalten hatte. Sie war mit den modernsten Sonar- und Waffensystemen ausgestattet. Doch trotz all dieser Spitzenausrüstung zerbrach die *Thresher* am 10. April um genau 9 Uhr18 und riss alle 129 Menschen an Bord mit in den Tod. Fotos, die vom Tiefseetauchgerät *Trieste* unmittelbar nach Ortung der Unglücksstelle aufgenommen wurden, zeigen die katastrophalen Schäden an dem Atom-Unterseeboot. Dr. Robert Ballard, der 1985 dort fotografierte, sagte: »Die *Thresher* sah aus, als sei sie im wahrsten Sinne des Wortes durch den Reißwolf gedreht und von einer gigantischen, unsichtbaren Faust zerquetscht worden.« Eine Untersuchungskommission kam zu dem Schluss, dass ein Guss-Stück, eine Rohrleitung oder eine Schweißnaht gebrochen sein und zur Flutung des Unterseebootes geführt haben musste, wodurch sämtliche Systeme zusammengebrochen waren, was dann die *Thresher* auf dem Meeresboden aufschlagen ließ.

(Links, oben und unten) Die *Thresher* während der Probefahrten im Jahr 1961. (Links) Ihr Wappen. (Oben) Das Tiefseetauchgerät *Trieste* wird verladen und zur Unglücksstelle gebracht. (Unten) Die *Trieste* bereitet sich auf ihren ersten Tauchgang vor; im Hintergrund das Bergungsschiff *Preserver.*

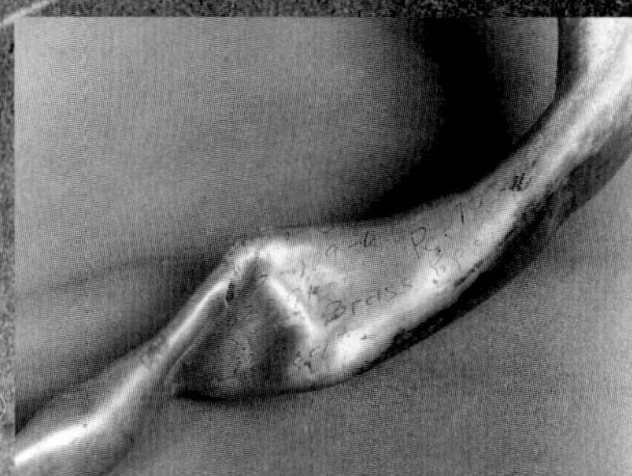

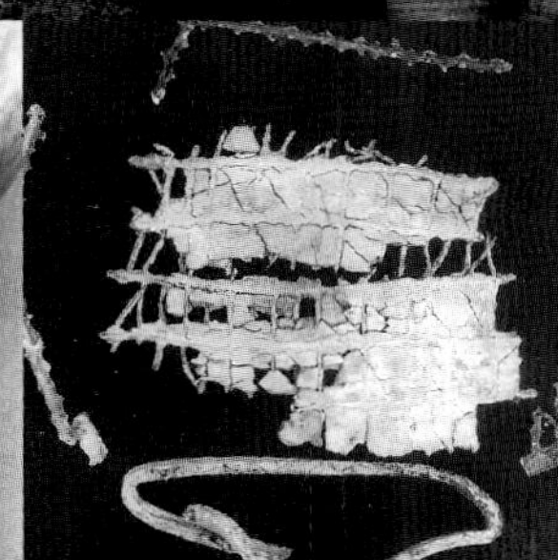

Die *Thresher* liegt in sechs Teilen auf dem Boden des Ozeans, umgeben von Trümmerstücken. (LINKS) Das Ruder mit Tiefgangsmarkierung. (OBEN) Die Trümmer der Sonarkuppel. (UNTEN) Das obere Seitenruder. Ein Messingrohr (KLEINES BILD, LINKS) und Teile von Batterien (RECHTS DANEBEN).

Im Mai des Jahres 1968 sah es so aus, als habe dieses Schattenboxen unter Wasser ein erstes Opfer gefordert. Das 3 500-Tonnen-Unterseeboot *Scorpion* war nicht zu seinem Stützpunkt in Norfolk, Virginia, zurückgekehrt. Es waren keine Notrufe von ihm empfangen worden, und es lagen auch keinerlei Berichte von anderen Schiffen vor, dass sich irgendetwas Ungewöhnliches zugetragen hätte. Die *Scorpion* war im März 1968 mit Kurs aufs Mittelmeer ausgelaufen, um dort an einem internationalen Marinemanöver in der Rolle des »bösen Bullen« teilzunehmen. Als solcher sollte sie von den Verbänden befreundeter Nationen gejagt werden. Nach einem Aufenthalt in Neapel wurde die Besatzung Ende April über eine Änderung informiert. Statt sich auf direktem Weg in Richtung Heimat zu begeben, sollte das Boot Kurs auf die Kanarischen Inseln nehmen. Die Mission bestand darin, einige verdächtige Aktivitäten der Sowjets zu überprüfen, bei denen große Ballons eine Rolle spielten. Man vermutete, dass diese Ballons möglicherweise mit elektronischen Sensoren bestückt waren, mit denen die US-amerikanischen Atomwaffentests beobachtet werden sollten.

Nachdem die sowjetischen Schiffe zwei bis drei Tage lang aus sicherer Entfernung fotografiert worden waren, hatten die Amerikaner nichts Ungewöhnliches feststellen können. Einigermaßen frustriert drehte die *Scorpion* ab und machte sich auf den Weg nach Hause. Dabei nahm sie den kürzesten Weg auf dem Großkreis. Am Abend des 21. Mai ging ein Funkspruch des Bootes ein, man gehe davon aus, am 27. Mai gegen ein Uhr nachmittags Ostküstenzeit in Norfolk einzulaufen.

Als das Unterseeboot nicht zum vorgesehenen Termin auftauchte, war das für die U. S. Navy noch kein Grund, Alarm zu schlagen. In Norfolk teilte man den wartenden Familien der Besatzungsmitglieder lediglich mit, dass sich das Unterseeboot verspäten würde. Die Ehefrauen, Eltern, Freunde und Verwandten hatten nicht die leiseste Ahnung davon, dass irgendetwas nicht in Ordnung war, bis Zeitungsreporter mit ihnen Kontakt aufzunehmen begannen. Doch die Navy hüllte sich weiterhin in Stillschweigen. Die *Scorpion* habe Verspätung, lautete die stereotype Antwort auf die besorgten Anfragen, und es gäbe keinerlei Anzeichen für irgendwelche Probleme. Doch langsam begannen Gerüchte umzulaufen. War sie in einen Zwischenfall mit den Sowjets verwickelt worden? Schließlich war sie losgeschickt worden, um einige von deren Schiffen zu beschatten.

Später gab die U. S. Navy die Verlautbarung heraus, dass »keinerlei Veränderungen im Operationsmuster der sowjetischen Schiffe festgestellt werden konnten, weder vor noch nachdem die *Scorpion* als verschollen eingestuft wurde«.

Aber die Spekulationen blühten. »Wir haben jedes einzelne Teil der Ausrüstung repariert, ersetzt oder auf Herz und Nieren geprüft«, hatte der Maschinist Davis Burton Stone noch ein paar Wochen zuvor an seine Eltern geschrieben, und der Elektromechaniker Dan Rogers hatte seine Versetzung von der »USS *Schrotthaufen*« beantragt, wie er und einige seiner Kameraden das Boot nannten. Ihren Äußerungen nach war das Boot schon seit Monaten überfällig für eine Generalüberholung, die einerseits durch knappe Haushaltsmittel, andererseits durch die starke Einsatzbelastung immer wieder verschoben worden war. Es gab Lecks in den

(OBEN) Das Wappen der USS *Scorpion*. (GEGENÜBER) Das Unterseeboot während der Probefahrten im Juni 1960.

Ölleitungen des Hydrauliksystems, und aus den Stopfbuchsen der Schraubenwellen leckte das Seewasser. Dauernd gab es irgendwelchen Ärger mit den Not-Auftauchsystemen. Die Tauchtiefe des Bootes war auf 100 Meter beschränkt worden. Ende 1967 hatte das ganze Boot bei Hochgeschwindigkeitsmanövern urplötzlich wie wild zu vibrieren begonnen. Kein Mensch wusste, warum. Rogers Antrag auf Versetzung wurde erst stattgegeben, nachdem er sich damit einverstanden erklärt hatte, den Begriff »Gefahr« nicht mehr im Zusammenhang mit der *Scorpion* zu verwenden.

Die Möglichkeit einer Katastrophe begann jetzt auch die Navy immer mehr zu beschäftigen. Dieses plötzliche, unerklärliche Schweigen, keinerlei Kontakte… Man musste dem Furchtbaren ins Auge blicken: Das knapp 77 m lange Unterseeboot war unter Umständen mit all seinen 99 Offizieren und Mannschaftsmitgliedern gesunken.

John Craven (LINKS IM BILD) berät sich während der Suchoperationen mit hochrangigen Angehörigen der Navy.

Die Entscheidung, John P. Craven bei der Suche hinzuzuziehen, war nur logisch. Zwei Jahre zuvor hatte er eine H-Bombe gefunden, die bei Palomares vor der spanischen Küste ins Meer fiel, nachdem ein Bomber des Typs B-25 mit einem Tankflugzeug kollidiert war. Dabei war er völlig unkonventionell vorgegangen und hatte zunächst eine Karte des Meeresbodens der Region Palomares angefertigt, anschließend ein Team von Mathematikern hinzugezogen und unter Verwendung der Wahrscheinlichkeitstheorie Vermutungen darüber angestellt, wo sich die Bombe befinden könnte. Craven konnte so verschiedenen Bereiche entsprechend der Wahrscheinlichkeit unterscheiden und sie mit Nummern klassifizieren. Obwohl es viele gab, darunter auch Präsident Lyndon B. Johnson, die Cravens Schema für völlig grotesk hielten, wurde die gesuchte Bombe schließlich genau an der Position gefunden, die Craven berechnet hatte.

Wenige Tage nach dem Verschwinden der *Scorpion* ernannte Robert A. Frosch, der Unterstaatssekretär für Forschung und Entwicklung der U. S. Navy, Craven zum Leiter der Beratergruppe, die mit helfen sollte, das vermisste Unterseeboot zu finden. Ein ehemaliger Angehöriger der Navy und Leiter des Special Projects Office, ihrer Abteilung für besondere Projekte, schrieb später an Craven: »Ich erkannte, dass wir, wenn wir die *Scorpion* wirklich finden wollten, nach den Geräuschen ihres Zusammenbruchs suchen mussten, womit ich die Implosionen meine, die auftreten, wenn ein Unterseeboot durch den Druck in großer Wassertiefe zusammengepresst wird. Diese Geräusche sollten eigentlich von entfernt gelegenen wissenschaftlichen oder militärischen Hydrofonen aufgezeichnet worden sein.«

Die U. S. Navy verfügte über ein ganzes Netzwerk von Unterwasser-Lauschstationen, die als SOSUS (*Sound Surveillance System*, also *Geräusch-Überwachungs-System*) bezeichnet wurden. Unglücklicherweise konnte aber das SOSUS gerade in diesem speziellen Fall keine Hilfe sein. Es war eingerichtet worden, um damit selbst das entfernteste Surren und Rumpeln getaucht fahrender sowjetischer Unterseeboote aufzunehmen. Dazu waren aber bewusst Filter konstruiert worden, die Geräusche unterdrückten, die für diese Aufgabenstellung ohne Belang waren, und zu solchen Geräuschen gehörten auch Implosionen und Explosionen.

Craven fand eine Forschungsstation auf den Kanarischen Inseln, deren Hydrofon damals im Einsatz gewesen war. Dieses Gerät hatte routinemäßig riesige Papiermengen mit endlosen Zackenlinien beschrieben, die die aufgenommenen Unterwassergeräusche wiedergaben. Glücklicherweise existierten die Berge von Papier noch, die um die Zeit, in der die *Scorpion* verschwand, von dem Hydrofon generiert worden waren. Craven konzentrierte seine Recherchen auf die Daten zweier Maiwochen. Mit ausreichender Sicherheit zeigten die reichlich vorhandenen Höhen und Tiefen der Zackenkurven »fünf separate Verläufe akustischer Ereignisse auf, die eventuell mit der Implosion eines Unterseebootes in Verbindung gebracht werden konnten«. Craven setzte diese »Ereignisse« ins Verhältnis zu Geschwindigkeit und vorgegebenem Kurs und konnte so acht Positionen herausarbeiten, an denen die *Scorpion* sich zum Zeitpunkt der »Ereignisse« mit einiger Wahrscheinlichkeit befand. Alle acht lagen in Seegebieten, in denen die Wassertiefe mindestens 600 m betrug. Obwohl die Hydrofon-Daten viel versprechend aussahen, verfügte Craven durch sie allein noch nicht über die Gewissheit, dass die Ausschläge auf den Endlosdrucken tatsächlich von der *Scorpion* stammten. Schließlich konnten diese Explosionen auch noch auf viele andere Ursachen zurückzuführen sein.

Flugzeuge der Navy suchten die Gebiete ab, die Craven errechnet hatte, und hielten nach Wrackstücken und anderen Objekten Ausschau, die einen Hinweis auf die Katastrophe hätten geben können. Die Flugzeuge kehrten jedoch ohne Ergebnisse zurück. Craven brauchte jetzt eine Bestätigung seiner Berechnungen. Ideal wäre es, wenn er die Explosionen durch eine Dreistrichpeilung mit großer Wahrscheinlichkeit orten könnte. Das Naval Research Laboratory in Washington schlug vor, dazu die Daten von zwei Hydrofonen zu überprüfen, die es in Neufundland betrieb. Diese rund 200 Seemeilen voneinander entfernt postierten Geräte waren installiert worden, um durch sowjetische Atomversuche hervorgerufene Schockwellen bis zu ihrem Ausgangspunkt zurückverfolgen zu können. Wilton Hardy, der Leiter des Labors, schickte die Aufzeichnun-

Diebstahl eines russischen Unterseeboots

Sechs Wochen vor der *Scorpion*-Katastrophe verschwand das russische Unterseeboot *K-129* vor der Küste von Hawaii. An Bord befanden sich drei mit Atomsprengköpfen bestückte Marschflugkörper. Die U. S. Navy bestimmte die Position des Bootes auf den Punkt genau: 5 185 Meter unter der Oberfläche des Pazifik. Der CIA erkannte sofort, dass hier ein komplett bewaffnetes sowjetisches Unterseeboot voller Codebücher und anderer höchst brisanter Geheimdienst-Informationen lag. Für die höchsten Stellen der amerikanischen Regierung war die Sache sofort klar. Es musste geborgen werden – und zwar um jeden Preis und unter größtmöglicher Geheimhaltung. Weder die russische noch die amerikanische Öffentlichkeit durften auch nur den kleinsten Schimmer davon haben, dass sich die Vereinigten Staaten mit der Absicht trugen, ein russisches Unterseeboot zu stehlen.

Innerhalb weniger Monate genehmigte Präsident Richard Nixon die größte verdeckte Operation seit dem Manhattan Project und damit auch die Bereitstellung riesiger finanzieller Mittel für den Bau eines Tiefsee-Bergungsfahrzeugs, das sich auf dem absolut neuesten Stand der Technik befand. Die Tarnung lieferten der exzentrische Multimillionär Howard Hughes und seine Firma Global Marine Development. Hughes kündigte den Bau des Hughes Glomar Explorer an, eines riesigen Bergungsfahrzeugs, mit dem man angeblich Mineralien vom Grunde der Ozeane holen konnte. Was die Öffentlichkeit jedoch nicht wusste, war, dass Hughes gleichzeitig einen tauchfähigen Lastkahn baute, der mit einer gigantischen »Klaue« ausgerüstet war. Damit sollte das russische Unterseeboot am Meeresboden gegriffen und dann nach oben gebracht werden.

Anfang Juli 1974 trafen der Glomar Explorer und der Lastkahn an Ort und Stelle ein. Die Klaue, die etwa die Größe eines Football-Feldes hatte, wurde abgesenkt und erfolgreich um das Wrack gelegt. Doch auf halber Strecke nach oben versagten plötzlich drei der Greifarme, und die *K-129* zerbrach. Was laut späteren »offiziellen Verlautbarungen« der CIA geborgen werden konnte, war eine einzige, knapp 12 Meter lange Abteilung der *K-129*. Bis zum heutigen Tage kursieren immer noch widersprüchliche Versionen darüber, was denn nun wirklich in diesem Unterseeboot gefunden wurde.

gen, war sich aber bewusst, dass die Chancen hauchdünn waren, etwas von Wert zu finden. Die Entfernungen waren zu groß, und der gewaltige unterseeische Gebirgszug des Mittelatlantischen Rückens stand im Weg. Könnten tatsächlich irgendwelche Geräusche es geschafft haben, diese Mammutbarriere zu durchdringen?

Die Aufzeichnungen wurden analysiert und erbrachten tatsächlich ein Ergebnis. Doch zunächst war es sehr schwierig festzustellen, um was es sich dabei überhaupt handelte. Die dargestellten Ausschläge wiesen *möglicherweise* auf weit entfernte Explosionen hin – oder auf irgendetwas völlig anderes. Also ging Craven mit seinem Team daran, diese Daten mit denen zu kombinieren, die vom Hydrofon auf den Kanarischen Inseln stammten. Entlang der vom Unterseeboot eingeschlagenen Route gab es schließlich zwei Geräuschprofile, die mit an Sicherheit grenzender Wahrscheinlichkeit Explosionen gewesen waren. Sie lagen 91 Sekunden ausei-

Die USNS *Mizar* (1964 in T-AGOR-11 umklassifiziert) spielte auch eine wichtige Rolle bei der Ortung und Erforschung des Wracks der USS *Thresher.*

nander, wobei die zweite erheblich lauter war und länger gedauert hatte als die erste. Was diese erste Detonation ausgelöst hatte, konnten Craven und das Team nicht mit Sicherheit feststellen. Doch bezüglich der zweiten hegte man nicht die geringsten Zweifel. Es war das Geräusch der implodierenden *Scorpion*.

Craven informierte den Chief of Naval Operations, den Oberkommandierenden der US-amerikanischen Seestreitkräfte, Admiral Thomas H. Moorer, dass die schlimmste aller Möglichkeiten wahrscheinlich eingetreten sei. Die *Scorpion* sei gesunken. Verständlicherweise forderte Moorer härtere Beweise als ein paar Zacken auf einem Stück Endlospapier, bevor er den schweren Gang antreten wollte, den Familien die erschütternde Nachricht zu überbringen. Er forderte handfeste Beweise, wie Wrackstücke, Öl, Körperteile. Er bekam sie nicht und musste dennoch eine Woche später eingestehen, dass das Undenkbare geschehen war. Die *Scorpion* war tatsächlich verschollen und ihre Besatzung mit größter Wahrscheinlichkeit nicht mehr am Leben.

Doch was hatte zu dieser Tragödie geführt? So lange diese Frage nicht geklärt war, musste jeder Atom-Unterseeboot-Fahrer sich darum Sorgen machen, dass sein Boot von einem vergleichbaren Schicksal heimgesucht werden könnte. Folglich war es von lebenswichtiger Bedeutung, dass Craven mit seinem Team die *Scorpion* und auch den Grund für ihren plötzlichen und gewaltsamen Tod fand. Das Naval Research Laboratory schickte ein ozeanografisches Forschungsschiff, die USNS *Mizar*. Sie stand unter dem Kommando von Chester »Buck« Buchanan, einem zivilen Ozeanografen. Er begann seine Suche über dem Punkt »Oscar«, an dem die erste Explosion stattgefunden hatte, und setzte sie in konzentrischen Kreisen fort. Nachdem er nichts gefunden hatte, drehte Buchanan nach Westen ab, in die Richtung, in der sich das Unterseeboot bewegt hatte. In der Zwischenzeit brütete Craven weiter über seinen Daten auf der Suche nach Hinweisen, die der *Mizar* helfen könnten. Dabei stieß er auf etwas Verblüffendes: In den letzten Augenblicken hatte sich die *Scorpion* keineswegs in Richtung Westen bewegt. Ganz im Gegenteil, sie war nach *Osten* gelaufen, zurück in Richtung Mittelmeer. War sie etwa verfolgt worden?

Craven befragte eine Reihe vom Unterseeboot-Kommandanten, warum ein Unterseeboot wohl ganz plötzlich nach Osten ablaufen könnte, wenn sein eigentliches Ziel im Westen lag. Von allen erhielt er die gleiche Antwort: Ein Unterseeboot fährt eine 180-Grad-Wende, wenn es einen scharfen Torpedo an Bord hat. Für einen Unterseeboot-Fahrer gibt es kaum eine schlimmere Vorstellung, als von einem eigenen Torpedo getroffen zu werden, was im Laufe des Zweiten Weltkrieges mehr als einmal passierte. Moderne Torpedos sind so konstruiert, dass sie sich selbst deaktivieren, wenn sie plötzlich während des Startvorgangs in die falsche Richtung laufen. Die gleiche Sicherheitseinrichtung wird auch wirksam, wenn sich der Torpedo noch an Bord befindet.

Der Kommandant der *Scorpion*, Francis A. Slattery, der erst im Oktober zuvor das Kommando über das atomgetriebene Unterseeboot übertragen bekommen hatte.

Die *Scorpion* hatte die volle Ausrüstung an Torpedos dabei: 14 Mark 37er, sieben Mark 14er und zwei Mark 45 Astor. Die Letztgenannten waren mit Atomsprengköpfen bestückt. Der Skipper des Bootes, Lieutenant Commander Francis A. Slattery, wird mit ziemlicher Sicherheit bereits bei den ersten Anzeichen von Schwierigkeiten im Torpedoraum den Befehl »Ruder hart Steuerbord« gegeben haben. Aus den Unterlagen ging hervor, dass die *Scorpion* kaum sechs Monate zuvor einen identischen Notfall nur knapp überstanden hatte. Untersuchungen förderten zu Tage, dass etliche Unterseeboote schon Schwierigkeiten mit solchen scharfen Torpedos gehabt hatten, weil elektrische Instrumente, die dem Testen der Torpedos dienten, falsch verkabelt waren. Craven war sich sicher, dass genau das erneut an Bord der *Scorpion* passiert war – nur diesmal war der scharfe Torpedo hochgegangen. Als nächstes ordnete Craven an, dass ein Schiff am Punkt »Oscar« kleine Sprengladungen abwerfen sollte. So wollte er die »akustische Signatur« der Testladungen mit denen der Original Explosionen vergleichen. Alle Anzeichen wiesen darauf hin, dass sich die *Scorpion* tatsächlich in Richtung Osten bewegt hatte, und das auch noch mit wesentlich höherer Fahrt, als Craven zunächst vermutet hatte.

Bei einer Computersimulation stellte Craven den ehemaligen Ersten Offizier der *Scorpion*, Lieutenant Commander Robert Fountain, ans Ruder. Fountain war nur gesagt worden, dass er mit 18 Knoten Fahrt in Richtung Heimat unterwegs sei. Als plötzlich die Alarmmeldung »Scharfer Torpedo!« kam, zögerte Fountain keine Sekunde und befahl im gleichen Augenblick »Ruder hart Steuerbord!«. Das war die Reaktion, die sämtlichen Kommandanten von Unterseebooten eingedrillt worden war. Dann simulierte Craven eine Explosion. Fountain folgte den üblichen Routinen, ließ die Tauchzellen anblasen, ging mit der Geschwindigkeit herauf und versuchte, sein Boot zu retten. 90 Sekunden später war das Unterseeboot auf die kritische Tiefe von

610 Metern gesunken. Es implodierte, zermalmt vom Wasserdruck, in dieser Tiefe. All das wurde von Geräuschen begleitet, die Craven aus den Hydrofondaten gewonnen hatte.

Nun bat Craven Unterseeboot-Fahrer und Bergungsexperten um ihre Einschätzung zu den wahrscheinlichsten Möglichkeiten. Wie schnell bewegt sich ein Unterseebootbei einer Implosion? Übereinstimmend wurden 40 bis 45 Knoten angegeben. Was würde die Besatzung der *Scorpion* unternommen haben, um mit dem scharfen Torpedo klar zu kommen? Dann machte sich die Gruppe Gedanken um den Gleitpfad des havarierten Fahrzeugs. Das Boot könnte sich mit dem Bug voraus in den Meeresboden gebohrt haben. Andererseits könnte seine Bahn aber auch erheblich weniger steil verlaufen sein. Dabei war nicht auszuschließend, dass es sich mit jedem halbem Meter, den es sank, noch über zwei Meter in Vorausrichtung bewegt haben könnte. Die überwiegende Mehrheit der Fachleute gelangte zu der Ansicht, dass die Sinkgeschwindigkeit bei einem halben Meter und die gleichzeitige Fortbewegung bei einem bis anderthalb Meter gelegen haben mochten. Craven gelangte schließlich zu dem Schluss, dass die Überreste der *Scorpion* wahrscheinlich östlich von Punkt »Oscar«, 400 Seemeilen weit von den Azoren entfernt, am Rande der Sargasso-See zu finden sein müssten.

Doch die Navy war zunächst anderer Ansicht. Die *Mizar* hatte einige Bruchstücke gefunden, von denen man bei der U. S. Navy der Meinung war, sie gehörten zur *Scorpion*. Allerdings folgten diesen ersten keine weiteren Funde. Die Wochen flossen dahin. Der Oktober kam, und mit ihm starker Wind und hoher Seegang. Die Navy wollte die Nachforschungen beenden. Buchanan plädierte jedoch gemeinsam mit Craven dafür, noch ein wenig zuzuwarten. Schließlich schaffte es Craven, zwei zusätzliche Wochen herauszuschlagen.

Man schrieb den 29. Oktober 1968, als die Überreste der *Scorpion* weniger als 200 Meter von der Stelle entfernt gefunden wurde, die Craven berechnet hatte – fünf Monate nachdem sie für verschollen erklärt worden war. Das Unterseeboot war fast auseinandergebrochen. Lediglich ein schmales, scharnierartiges Stück Metall hielt die beiden Teile noch zusammen. Der vordere Teil des Druckkörpers mit dem Torpedoraum und dem überwiegenden Teil der Schiffssteuerungs- und Einsatzeinrichtungen hatte bei der Grundberührung einen tiefen Graben in den Meeresboden gepflügt. Der hintere Teil, in dem sich der Reaktor und der Maschinenraum befanden, hatte einen zweiten Graben gezogen. Die Schiffsschraube war samt Welle aus dem Druckkörper herausgerissen worden.

Craven hielt an seiner Theorie vom scharfen Torpedo fest. Eine im Jahre 1969 eingesetzte Untersuchungskommission erklärte jedoch, der Verlust der *Scorpion* sei aus »nach wie vor ungeklärten Gründen« erfolgt, und es hätten keine »unwiderlegbaren Beweise für die genaue Ursache« gefunden werden können. Im gleichen Jahr schickte die Navy ein Tiefsee-Tauchboot, die *Trieste II*, an die Unfallstelle, um alles aus nächster Nähe in Augenschein zu nehmen. Die Untersuchungen erbrachten keine Anzeichen für einen Angriff auf das Unterseeboot oder für einen von außen erfolgten Einschlag eines Torpedos. Der dem Torpedoraum gegenüber liegende Teil des Druckkörpers schien intakt zu sein, der Batterieraum hingegen war völlig zerstört. Damit waren die Untersuchungen zunächst einmal zu Ende.

(OBEN) Verschiedene Ausrüstungsgegenstände für die Suche und Ortung wurden auf einen Schleppschlitten montiert, den die *Mizar* bei der Suche nach der *Scorpion* verwendete.
(GEGENÜBER) Dieses Foto vom Bugbereich des gesunkenen Unterseebootes wurde kurz nach der Ortung des Wracks in einer Tiefe von über 3 000 Metern von einem Tiefsee-Tauchboot aufgenommen.

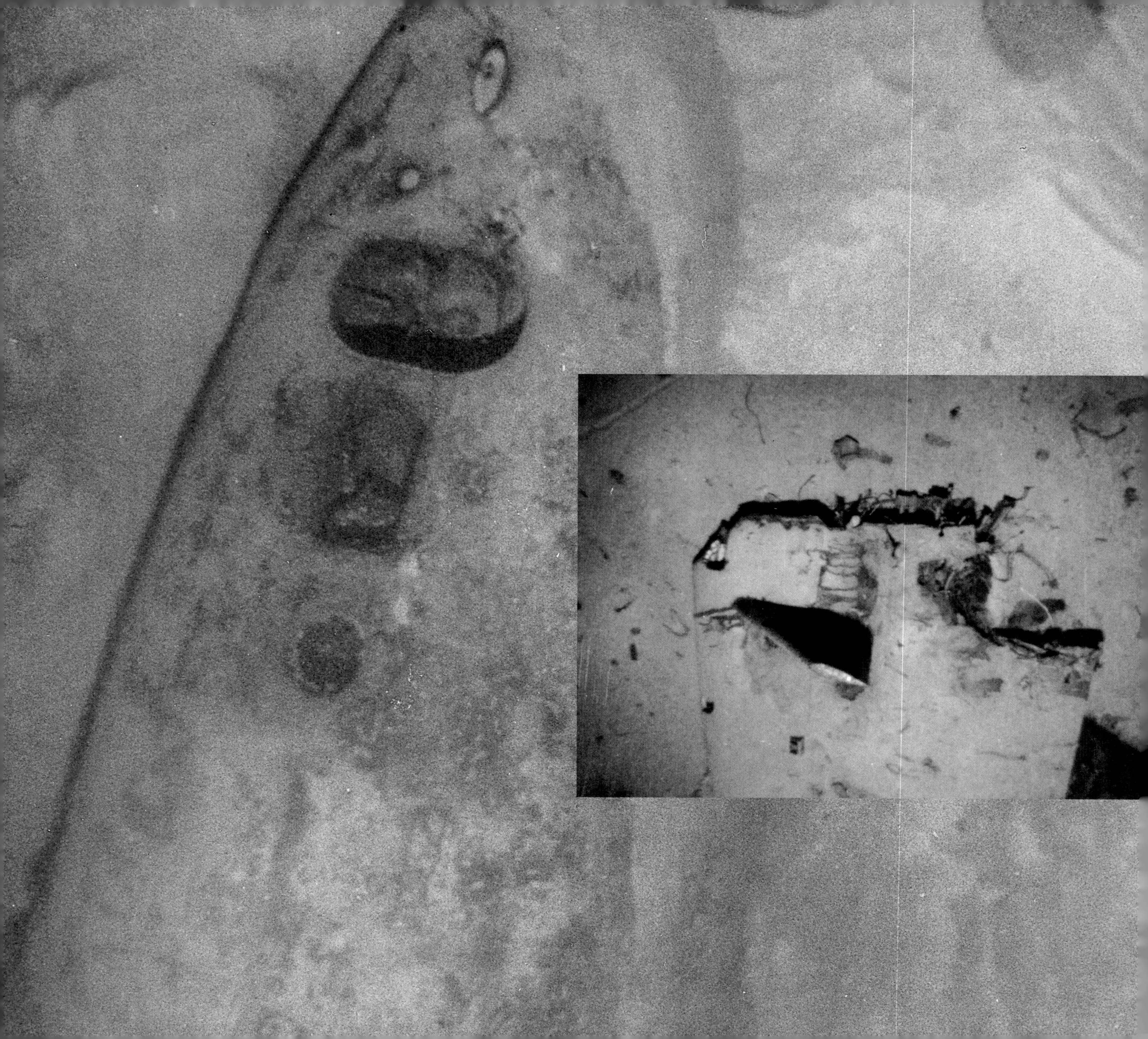

Ein Wiedersehen mit der USS **Scorpion**

Im Jahre 1985 fotografierte der Ozeanograf Dr. Robert Ballard im Rahmen der geheimen Bemühungen der U. S. Navy, die Trümmer der *Scorpion* aufzunehmen, das Wrack. Diese Bilder wurden im Jahr 1993 erstmals der Öffentlichkeit zugänglich gemacht, nachdem die Navy damit begonnen hatte, die Geheimhaltung von Informationen über die *Scorpion*-Katastrophe aufzuheben. (GEGENÜBER) Ein Blick von oben auf den Bugbereich des Unterseeboots. (GEGENÜBER, KLEINES BILD) Der abgerissene Turm, von dem ein erheblicher Teil des achterlichen Endes fehlt. Überall liegen Trümmerstücke verstreut. (MITTE) Die Aussparung für die Funkboje im Achterschiff. (RECHTS) Das Heck mit dem oberen Bereich des Seitenruders. (UNTEN) Eines der letzten Fotos von der *Scorpion,* aufgenommen im April 1968, als das Boot in Neapel längsseits an der USS *Tallahatchie County* festgemacht hatte.

Die Oberseite des Druckkörpers, achterlich mittschiffs. Die große ovale Öffnung ist der Stauraum für die Boje mit dem Seenotsender. Ebenfalls sichtbar sind die runden Ventile der Tauchzellen, zwei rechtwinklige Zugangsluken zum Aufbau und die beschädigten Rohre der Schnorchelanlage.

Mehr als 20 Jahre vergingen. Zu Beginn der 90er Jahre erhielt Craven einen unerwarteten Telefonanruf von Charles M. Thorne, dem ehemaligen technischen Direktor des Weapon Engineering Center in Washington. Thorne fragte Craven, ob er damals Einblick in ein Geheimdokument aus dem Jahre 1968 erhalten habe, in dem davor gewarnt wurde, dass es bei Tests einer Batterie mit der Typenbezeichnung MK-46 zu Fehlfunktionen gekommen war. Diese Batterien wurde damals für die Torpedos des Typs Mark 37 verwendet. In dem Dokument wurde beschrieben, wie eine dieser Torpedobatterien während eines Vibrationstests explodiert und in Flammen aufgegangen war. Dabei handelte es sich um die heftigste Fehlfunktion, die man in all den Jahren im Labor erlebt hatte. Drei der Ingenieure kamen nur mit knapper Not mit dem Leben davon. In der besagten Warnmeldung wurde nahe gelegt, sämtliche Batterien dieser Charge »bei nächstmöglicher Gelegenheit aus dem Verkehr zu ziehen«. Die Ausführungen schlossen damit, dass in der Testanordnung Hitzeenergie freigesetzt werde, die ausreichte, einen »Cook-Off« des Gefechtskopfes, eine Explosion geringerer Stärke, auszulösen, und dass damit die Gefahr gegeben war, auf diese Weise ein ganzes Unterseeboot zu verlieren. Die *Scor-*

pion war nur wenige Tage nach der Herausgabe dieses Bulletins gesunken. Unglaublicherweise war es Craven niemals zugänglich gemacht worden.

Die Batterien der Herstellungsfirma hatten die Qualitätstests der Navy nie bestanden. Wegen des chronischen Mangels an Batterien erhielt diese Firma die Erlaubnis, rund 250 ihrer Exemplare auszuliefern. Genau eine dieser Batterien war es dann, die im Labortest explodierte. Doch es wäre falsch, wollte man die Schuld dem Hersteller zuweisen, denn bereits die Grundkonstruktion der Batterie war fehlerhaft. Die Ingenieure waren mehrfach bei der Navy mit der Bitte vorstellig geworden, die konstruktiven Vorgaben von Grund auf überarbeiten zu lassen. Doch die Navy, die unter dem Druck stand, Torpedos in erheblicher Stückzahl beschaffen zu müssen, hatte dies nicht einmal in Erwägung gezogen. Für sie hatten die existierenden Bestände an Batterien funktionsfähig gemacht zu werden.

Die Wurzel des Übel steckte in einer winzig kleinen Komponente, einer Prägefolie, die, wenn es hoch kam, vielleicht einen oder zwei Cent kostete. Über sie wurde der Fluss des Elektrolyts in die Batteriezellen gesteuert. Diese Folie war so ausgelegt, dass sie unter Druck reißen sollte, worauf Spannung auf der Batterie anlag und diese Energie an den Torpedoantrieb liefern konnte. Bei den Versuchen im Labor führten die künstlich ausgelösten starken Vibrationen dazu, dass das Elektrolyt gegen die dünne Membranfolie zu drücken begann. Zwar reichte die dabei entstehende Kraft nicht aus, die Folie zu zerreißen, war jedoch stark genug, Elektrolytflüssigkeit in das Batterieelement gelangen zu lassen, was zu einem Aufsprudeln und einer Überhitzung führte. Dabei kamen Temperaturen zu Stande, die einen Gefechtskopf hochgehen lassen konnten.

Als dieses Steinchen des Mosaiks gefunden war, konnte man sich die letzten Augenblicke an Bord der *Scorpion* gut vorstellen. Möglicherweise war das Vibrationsproblem, unter dem das Boot schon einmal zu leiden gehabt hatte, erneut aufgetreten und hatte zur Aktivierung eines Torpedos geführt. Bei der ersten Meldung, dass es Ärger mit einem Torpedo gab, hatte der Kommandant sein Boot sofort mit Hartruderlage nach Steuerbord wenden lassen. Doch bei diesem Torpedo handelte es sich nicht um einen scharfen Typ. Er explodierte mit schwacher Detonation. Wahrscheinlich hat es darauf hin Feuer an Bord gegeben. Eine andere Möglichkeit ist die, dass der Explosionsdruck die Außenluken im Torpedoraum aufsprengte. Während die *Scorpion* voll lief, tauchte sie immer tiefer, bis sie schließlich die Tiefe erreichte, auf der sie dem Wasserdruck nicht mehr standhalten konnte.

Bevor sie endgültig implodierte, wird sich ihr Druckkörper nach innen gewölbt und damit eine Druck- und Hitzewelle erzeugt haben, die fast im gleichen Augenblick alles Leben an Bord auslöschte. Der ersten Implosion werden dann weitere kurz hintereinander gefolgt sein, bei denen eine Abteilung nach der anderen donnernd in sich zusammengedrückt wurde. Der Todeskampf des Bootes dürfte sich allenfalls über einen Zeitraum von etwa drei Minuten hingezogen haben.

Erst ein Jahr nach dem Verlust der *Scorpion* veranlasste das Beschaffungsamt der U. S. Navy eine Überarbeitung der Batteriekonstruktion.

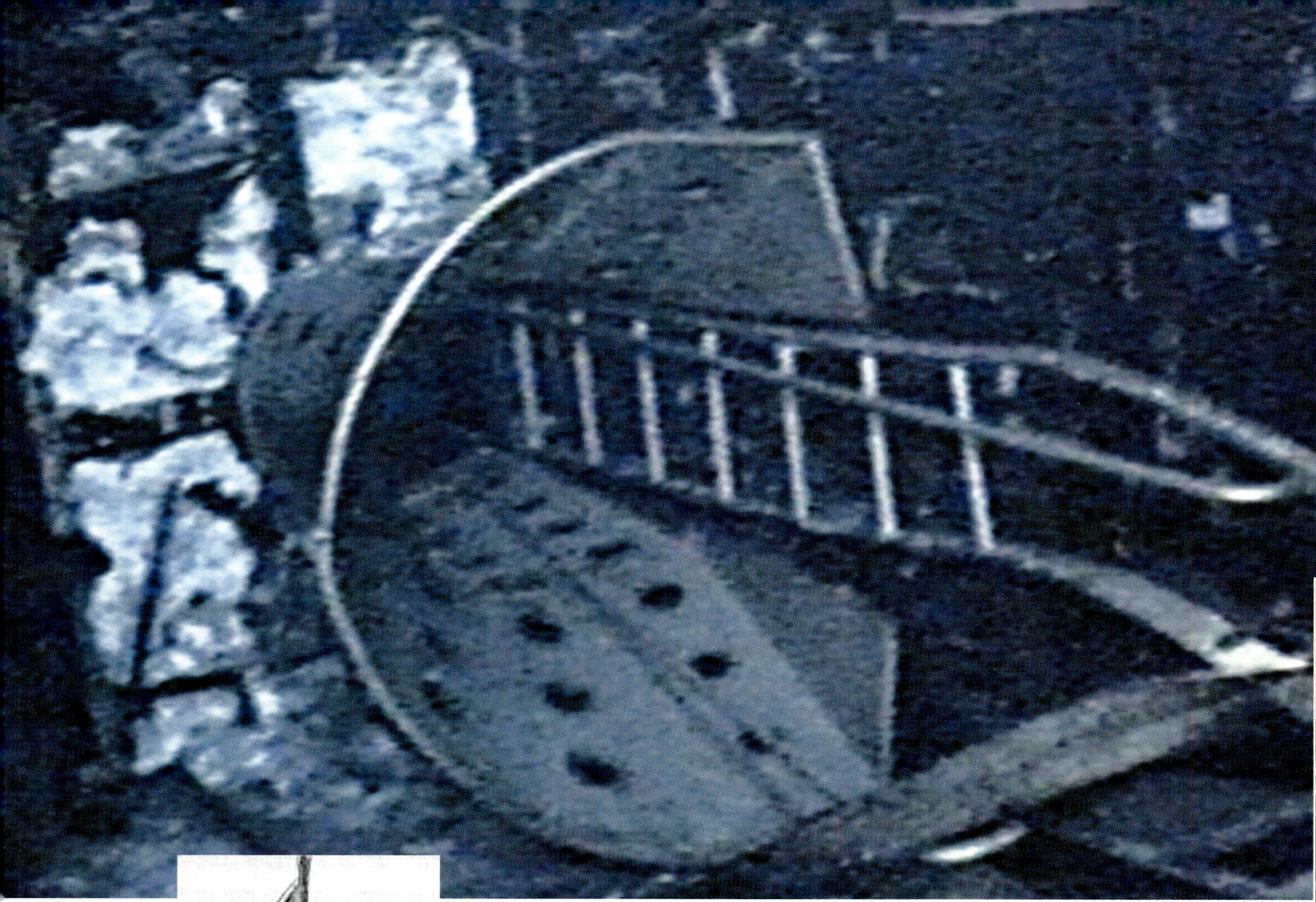

Die **Heimkehr** der **Dakar**

Als im Oktober 2000 die Brücke des israelischen Unterseeboots *Dakar* vom Nauticos-Expeditionsteam vom Grunde des Mittelmeeres gehoben wurde, stellte dies den Abschluss eines spannenden Unterwasser-Sucheinsatzes dar, der 32 Jahre zuvor begonnen hatte. Anfang Januar 1968 lief die *Dakar*, ein modernisiertes britisches Unterseeboot der T-Klasse des Zweiten Weltkriegs, das Israel der Royal Navy abgekauft hatte, mit einer Besatzung von 69 Mann von Portsmouth zur Überführung nach Haifa aus. Am 28. Januar bat das Unterseeboot per Funk, etwas östlich der Insel Kreta stehend, um Erlaubnis, in den Hafen einlaufen zu dürfen. Dies war der letzte Kontakt mit der *Dakar*. Trotz sofort in Gang gesetzter Suchaktionen zu Wasser und aus der Luft, wurde keine Spur des Unterseebootes gefunden, bis ein Jahr später einer seiner Seenotsender am Strand von Gaza

(Links) Im Januar 1968 wurde die britische Flagge niedergeholt und die israelische an deren Stelle gehisst. Damit wurde aus der HMS *Totem* die INS *Dakar*. (Oben) Die Fluchtschleuse. (Kleine Bilder) Die Seenot-Funkboje der *Dakar* (oben) und die geborgene Rettungskapsel (darunter).

(RECHTS) Die Brücke des Turm der *Dakar* auf dem Meeresgrund. Unten sieht man den Kreiselkompass; eine Vergrößerung davon (GANZ OBEN). (OBEN) Eine Fotomontage, bei der das geborgene Brückenstück auf ein Foto aus dem Jahre 1968 gelegt wurde.

gefunden wurde. Im Laufe der Zeit wurden 25 Expeditionen mit dem Ziel gestartet, das verschollene Unterseeboot zu finden. Alle scheiterten. Nachdem die israelische Marine Experten der U. S. Navy konsultiert hatte, entschied man sich schließlich 1968, die Suchanstrengungen auf die Route zu konzentrieren, die die *Dakar* von Portsmouth nach Haifa eingeschlagen hatte, was man während sämtlicher vorangegangener Expeditionen außer Acht gelassen hatte. Ferner vergab man den Suchauftrag nun an die US-Firma Nauticos Corporation. Unter Einsatz modernster Sonar-Suchsysteme und des ferngesteuerten REMORA-6000-Fahrzeugs ortete und identifizierte das Suchteam die *Dakar* am 28. Mai 1999 im Mittelmeer zwischen Zypern und Kreta in einer Tiefe von über 3 000 Metern. Im folgenden Jahr kehrte die Expedition an Ort und Stelle zurück, um die möglichen Ursachen für den Untergang zu erforschen und den abgerissenen vorderen Teil des Turms zu bergen. Der Turm der *Dakar* war mit einer Fluchtschleuse nachgerüstet worden, die über eine Leiter zugänglich war und zehn Personen Platz bot. Sie diente dazu, Taucher aus dem Boot aussteigen lassen zu können, während es sich unterhalb der Wasseroberfläche befand. Genau diese Besonderheit war es, welche zu einer eindeutigen Identifikation des Wracks geführt hatte. In Haifa wird die Brücke in eine Gedenkstätte integriert werden, mit der man die Besatzung der *Dakar* ehren möchte. So hat es dann das Boot zumindest dem Geiste nach doch noch nach Hause geschafft.

КУРС

Kapitel 8: **Die Katastrophe in den Tiefen der Barent-See**

Die enorme Länge und Größe der *Kursk* werden auf Fotos (OBEN UND GEGENÜBER) deutlich, die in der Barent-See (OBEN) und auf der Marinebasis von Vidyayevo (GEGENÜBER) aufgenommen wurden. (RECHTS) Kapitän 1. Ranges Gennady Lyachin.

Kapitän 1. Ranges zur See Gennady Lyachin war sehr stolz auf sein Schiff, das Atom-Unterseeboot *Kursk*. Mit einer Verdrängung von annähernd 14 000 Tonnen in Überwasserfahrt gehörte es zu den größten und stärksten Unterseebooten der Welt. Ganz sicher war es aber die beste »Superwaffe«, die in der Zeit nach dem Zusammenbruch des Kommunismus von den Russen entwickelt worden war. Das 154 Meter lange Boot der Oscar-II-Klasse (die Bezeichnung für solche Boote lautet bei der NATO SSGN, was für *Strategic Submarine Guided-Missile, Nuclear powered*, also für ein strategisches Lenkwaffen-Unterseeboot mit Atomantrieb, steht) wurde mit den besten Booten verglichen, die die Amerikaner gebaut hatten. Es verfügte über ausgezeichnete Leistungswerte und, an russischen Standards gemessen, über geradezu einzigartige Unterkünfte für die Besatzung.

Im Sommer des Jahres 2000 erhielt die *Kursk* (die ihren Namen nach der großen Panzerschlacht erhielt, in der die deutschen Verbände im Jahre 1943 eine vernichtende Niederlage erlitten) den Befehl auszulaufen und zusammen mit 30 anderen Schiffen an einer Übung in der Barent-See im Nordosten von Murmansk teil-

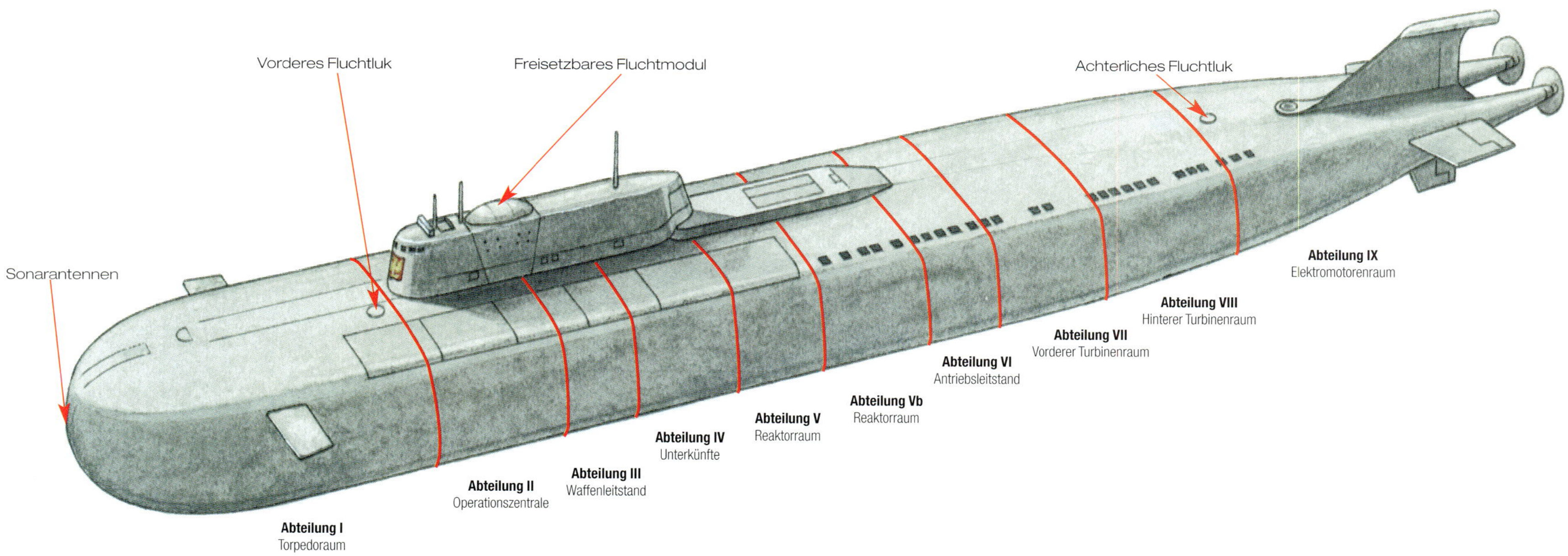
Vorderes Fluchtluk
Freisetzbares Fluchtmodul
Achterliches Fluchtluk
Sonarantennen
Abteilung I
Torpedoraum
Abteilung II
Operationszentrale
Abteilung III
Waffenleitstand
Abteilung IV
Unterkünfte
Abteilung V
Reaktorraum
Abteilung Vb
Reaktorraum
Abteilung VI
Antriebsleitstand
Abteilung VII
Vorderer Turbinenraum
Abteilung VIII
Hinterer Turbinenraum
Abteilung IX
Elektromotorenraum

zunehmen. Es sollte das größte russische Marinemanöver seit Jahren werden und würde dem 45-jährigen Lyachin die Gelegenheit bieten, die Fähigkeiten seines Bootes unter Beweis zu stellen.

Um die Mittagszeit des 12. August hatte die *Kursk* einen ersten Abschuss von Torpedos erfolgreich abgeschlossen, und die Besatzung bereitete alles auf einen zweiten vor. Lyachin nahm Kontakt mit dem Kommandeur der Einsatzgruppe auf und erbat die Erlaubnis zum Abschuss. In 200 Seemeilen Entfernung wurden an Bord des amerikanischen Überwachungsschiffs USNS *Loyal* per Funkspruch die Freigabe durch den Kommandeur aufgezeichnet. Die Techniker erwarteten daraufhin das typische Startgeräusch von Torpedos in ihren Kopfhörern zu vernehmen. Stattdessen hörten sie nur eine kurze, scharfe Explosion, der ein »enormer, donnernder Knall« folgte. Nach Auskunft eines seismografischen Instituts in Norwegen, das die Explosionen aufzeichnete, erreichte diese zweite Explosion einen Wert von 3,5 auf der nach oben offenen Richter-Skala, was einer Sprengkraft von rund zwölf Tonnen TNT entspricht. In Bruchteilen von Sekunden hatte sich die Routineübung in eine Katastrophe verwandelt.

Der Vorschiffsbereich der *Kursk* hatte aufgehört zu existieren, und der Torpedoraum war überflutet. Das komplizierte Labyrinth aus Rohrleitungen und Ventilen, Manometern und Steuerungen war zu einem unentwirrbaren Haufen Schrott geworden. Im Vorschiffsbereich fanden sämtliche Offiziere und Mannschaften sofort den Tod. In der Zentrale, dem Nervenzentrum des Bootes, starben Lyachin und seine wichtigsten Offiziere, verdampft in der unvorstellbaren Hitze eines Brandes. Diesem folgte eine gigantische Druckwelle, die alles zerstörte, was sich ihr in den Weg stellte. Die ersten vier Abteilungen des Bootes waren sofort vernichtet. Mächtige, wasserdichte Schotts konnten verhindern, dass die See in die beiden VM-5 Druckwasserreaktoren eindrang – zumindest für den Augenblick. Doch der Tod sollte auch die Männer im Reaktor-Kontrollraum und Turbinenleitstand schon bald ereilen, denn das Boot stellte sich auf die Spitze und schoss mit immer noch arbeitenden Turbinen fast senkrecht nach unten. Sekunden später schlug es 108 Meter unter der Wasseroberfläche auf dem Meeresgrund auf. Wie ein gewaltiges Monster, das sich zum Sterben legt, grub sich das Unterseeboot in den schlammigen Meeresboden. 23 Besatzungsmitglieder hatten dicht zusammengedrängt in der achten Abteilung (in der sich die achterliche Notausstiegsschleuse befand) überlebt. Die Temperatur fiel rapide. Quälende Kopfschmerzen begannen die Männer zu befallen, als der Kohlendioxidspiegel stieg und die Luft zunehmend schlechter wurde. Eine Stunde nach der anderen verstrich, ein Leben nach dem anderen erlosch.

(Oben) Gedenkabzeichen des Unterseeboots. (Gegenüber, oben) Kapitän 1. Ranges Lyachin, rechts im Bild, und seine Mannschaft am 30. Juli 2000 bei einer Flottenparade in Severomorsk. (Darunter) Die Besatzung im Frühsommer des Jahres 2000 an Deck und (daneben) bei Verlassen des Bootes im Oktober 1999 nach einer Fahrt ins Mittelmeer. (Gegenüber, unten) Eine schematische Darstellung der *Kursk*, aus der die Abgrenzung der Abteilungen gegeneinander zu erkennen ist.

Was war die Ursache für dieses Desaster gewesen? Die ersten beiden Tage nach dem Unglück kam keinerlei Verlautbarung seitens der russischen Regierung. Dann gab sie eine Stellungnahme heraus, in der es hieß, im Unterseeboot habe es »einen technischen Fehler« gegeben.

Später verkündete Verteidigungsminister Igor Dergejew, es gebe »unwiderlegbare Beweise« dafür, dass das Unterseeboot mit einem anderen Schiff kollidiert sei. Wenn dem tatsächlich so gewesen wäre, antworteten die Vereinigten Staaten von Amerika umgehend, sei mit Sicherheit aber kein US-amerikanisches Schiffe daran beteiligt gewesen.

Westliche Beobachter waren sich in ihren Spekulationen uneins, ob technisches Versagen oder ein Fehler der Besatzung für das Sinken der *Kursk* verantwortlich zu machen sei. Russland versuchte, vor der Welt den Eindruck zu wahren, eine moderne und technisch ausgereifte Marine zu besitzen, hatte für diese jedoch permanent viel zu geringe Finanzmittel bereitgestellt.

In den Jahren nach dem Ende des Kalten Krieges waren die russischen Seestreitkräfte zahlenmäßig um mehr als 80 Prozent zusammengeschrumpft. In der gleichen Zeit bauten die westlichen Staaten die Seestreitkräfte lediglich um rund 40 Prozent ab. Von in Spitzenzeiten mehr als 600 Schiffen verfügten die Russen inzwischen gerade noch über ein knappes Hundert, von denen wiederum kaum zehn Prozent auch tatsächlich see- und einsatzklar waren.

Die *Kursk* war das Paradestück der russischen Marine und fast ununterbrochen in See, während der Rest der atomar angetriebenen Flotte an den Landungsbrücken vor sich hin rostete. Es war ein Teufelskreis. Schlechte Wartung und Instandsetzung war gleichbedeutend damit, dass die Schiffe nur sehr selten zu Einsätzen auslaufen konnten. Das wiederum führte dazu, dass die Ausbildung litt, was ganz besonders für Notfall- und Rettungsübungen galt. Ein inkompetenter Stab hochrangiger Offiziere verschlimmerte zusätzlich die Probleme der Flotte.

Am 16. August, also vier Tage nach dem Untergang der *Kursk*, gaben die Russen zu, dass es in der Waffenabteilung des Unterseebootes eine Explosion gegeben hatte. Westliche Experten leiteten daraus die Vermutung ab, dass die Explosion unter Umständen von einem Torpedo (die *Kursk* konnte 82 Stück an Bord nehmen), einer Lenkwaffe (das Unterseeboot führte normalerweise 24 Marschflugkörper mit) oder einem der Drucklufttanks ausgelöst worden sein könnte, die dazu dienten, beim Auftauchen das Wasser aus den Trimm- und Regelzellen zu pressen.

Dennoch blieb der stellvertretende Premierminister Ilja Klebanow dabei, die *Kursk* sein von »einen großen, schweren Objekt« mit »außergewöhnlich hoher Tonnage« gerammt worden, und dabei sei der Druckkörper des Unterseebootes aufgeschlitzt worden. Andererseits konnte Klebanow aber keine Angaben darüber machen, worum es sich bei diesem »großen Objekt« handelte.

Vielleicht kann man Wladimir Putin noch nicht einmal einen Vorwurf daraus machen, dass er ziemlich sprachlos dastand, als er von der Tragödie erfuhr. Kurze Zeit nachdem er die Präsidentschaft von

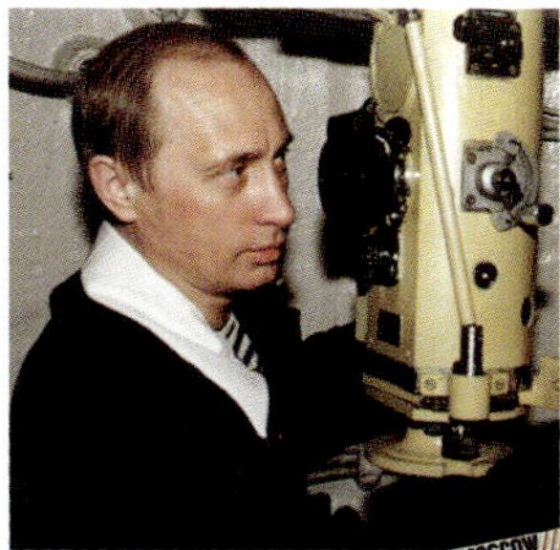

Am 17. August beherrschte die Tragödie der *Kursk* die Schlagzeilen der russischen Tageszeitungen (OBEN). Präsident Wladimir Putin (GANZ OBEN) versuchte jedoch noch immer, das Ausmaß herunterzuspielen. (RECHTS) Vizepremierminister Ilja Klebanow (IM BILD ZWEITER VON RECHTS) beantwortet Fragen auf einer Pressekonferenz.

Boris Jelzin übernommen hatte, hatte er im ängstlichen Bemühen, die Moral bei der Truppe zu heben, erklärt, dass er die russische Kriegsmarine auf den Stand der britischen und französischen Flotten bringen wolle. Und nun stand er einem solchen Ereignis gegenüber. Dennoch sah er für sich selbst offenkundig keinen Grund, den Beginn seines Sommerurlaubs in Sotschi zu verschieben – und das trotz einer Situation, in der sich jedes noch überlebende Besatzungsmitglied des havarierten Unterseebootes in höchster Lebensgefahr befand.

Der staatliche russische Nachrichtensender RTR brachte Tag für Tag eine Zusammenfassung der Tragödie. Geradezu schamlos veränderte man die Chronologie, um die Geschichte von einer effizienten Rettungsaktion in die Welt setzen zu können. Das geschah nicht zuletzt in der Absicht, den wachsenden Unmut in der russischen Bevölkerung zu besänftigen. Doch die verschiedenen Ministerien machten sich dabei noch nicht einmal die Mühe, ihre eigenen Verlautbarungen auf die Meldungen im Radio abzustimmen. So hatte RTR beispielsweise berichtet, die Rettungsaktionen würden am Abend des 13. August begonnen. Fregattenkapitän Igor Dygalo, der offizielle Sprecher der russischen Marine, hatte jedoch erst kurz zuvor gesagt, dass die Rettungsoperation bereits angelaufen sei. Dann behauptete RTR am 15., dass die Marine Angebote des Westens zur Hilfeleistung angenommen habe. Im Widerspruch dazu trat der stellvertretende Premierminister Ilja Klebanow vor die Mikrofone und versicherte der russischen Öffentlichkeit, man benötige keinerlei Hilfe sei-

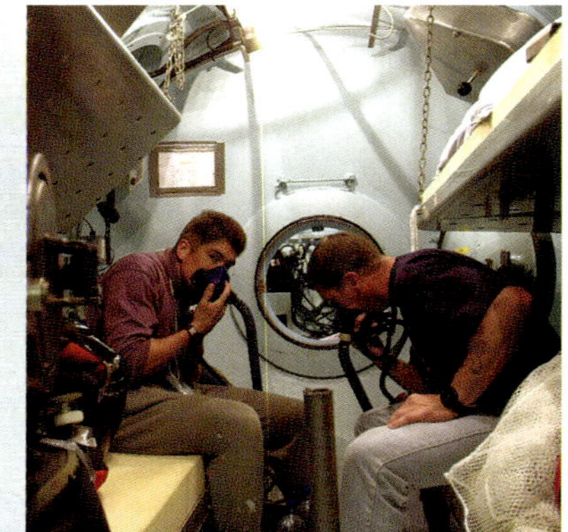

tens des Auslandes, die Kriegsmarine verfüge über die erforderliche Ausrüstung, um die Rettungsarbeiten durchführen zu können.

Am 15. August versuchten die Russen, ein Tauchboot zur *Kursk* hinunter zu bringen. Die Bemühungen misslangen jedoch, denn das Unterseeboot lag in einem solch ungünstigen Winkel auf dem Meeresgrund, dass es unmöglich war, mit dem Tauchboot an der *Kursk* anzudocken.

Die Russen unternahmen anschließend noch zahlreiche weitere Versuche, zur *Kursk* herabzutauchen und deren Besatzungsmitglieder zu retten, die letztlich jedoch alle fehlschlugen, teils wegen der an dieser Stelle herrschenden starken Strömungen, teils wegen der schwer zugänglichen Position des Wracks. Am 18. des Monats schaffte es schließlich eine russische Rettungskapsel, kurz am Unterseeboot festzumachen, doch ein Schaden am Luk verhinderte ein sicheres Andocken. Mit jedem fehlgeschlagenen Versuch bewegten sich die Hoffnungen, noch Überlebende retten zu können, immer weiter gegen Null.

Am Samstag, den 19. August, traf das norwegische Schiff *Seaway Eagle*, aus dem schottischen Hafen Aberdeen kommend, an der Unglücksstelle ein. Es hatte einige Taucher und eine ferngesteuerte Kamera an Bord. Die Taucher waren vom multinationalen Öl- und Gas-Konzern Stolt-Offshore. Sie sollten mithelfen, jeden aus der Kursk zu bergen, der vielleicht noch am Leben sein könnte. Einen Tag später stiegen die Taucher zum ersten Mal zum gesunkenen Unterseeboot hinunter.

(LINKS) Ein Standfoto aus dem russischen Fernsehen zeigt das Bergungsschiff *Rudnetzky* und sein Mini-Unterseeboot während der ersten Rettungsanstrengungen. (GANZ OBEN) Norwegische Taucher an Bord des Taucherschiffs MV *Seaway Eagle* (OBEN) überprüfen ihre Ausrüstung und bereiten sich auf den Tauchgang vor.

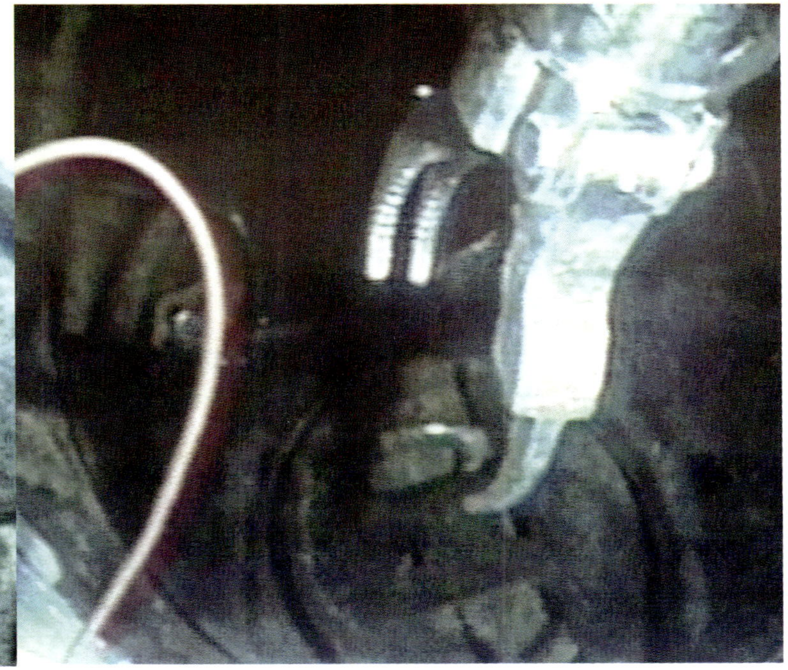

(LINKS) Ein Standfoto aus dem Fernsehen zeigt das Fluchtluk der *Kursk* und (RECHTS) den mechanischen Greifarm, den die norwegischen Taucher verwendeten, um es aufzuschrauben.

»Am Anfang hofften wir noch, irgendjemanden lebend herausholen zu können«, erzählte Alistair Clark, einer der Taucher. »Es wäre zu schön gewesen, wenn wir es tatsächlich geschafft hätten, aber es hat nicht sollen sein.« Kaum war das erste Luk geöffnet, konnte es keinen Zweifel mehr daran geben, dass das gesamte Unterseeboot geflutet war und niemand überlebt hatte.

Nach Angaben der russischen Marine hatte das Unglück nicht zu einem Anstieg der radioaktiven Strahlungswerte in der Barent-See geführt. Erst gegen Ende Oktober konnten die Taucher mit ihrer schrecklichen Aufgabe beginnen, die sterblichen Überreste der Besatzung aus dem Wrack zu bergen. In der Tasche von Leutnant Dmitry Kolesnikov, dem die Turbinenabteilung unterstanden hatte, wurde eine Notiz gefunden: »Es ist jetzt 13 Uhr 15 ... Wir sind 23 Mann hier ... Keiner von uns kann entkommen.« Kolesnikov hatte diese Notiz in völliger Dunkelheit gekritzelt.

Es stellte sich heraus, dass die Überlebenden der ersten Explosionen nicht sofort gestorben waren, wie die Russen immer wieder behauptet hatten. Die Klopfgeräusche, die man in den ersten Tagen nach dem Sinken aus dem Unterseeboot vernommen hatte, könnten durch Bauteile, die unter dem Wasserdruck zusammen brachen, oder durch das Einsinken des Bootes in den Meeresgrund hervorgerufen worden sein. Sie hätten aber ebenso gut auch vom verzweifelten Hämmern eingeschlossener Seeleute gegen den Druckkörper stammen können. Vier der Körper wiesen schwere Verbrennungen auf, andere wiederum waren »hochgradig defor-

Die **unsterbliche Liebe** eines Ehemanns

Kapitänleutnant Dmitry Kolesnikov und seine Frau Olga (OBEN) gehörten der verschworenen Gemeinschaft der Unterseebootfahrer von Vidyayewo an, zu der auch noch einige andere jung vermählte Paare gehörten. Kurz bevor die *Kursk* zu ihrer schicksalhaften letzten Fahrt auslief, hatten Olga und mehrere andere Ehegattinnen einen Tag lang ihre Männer an Bord besucht. Dieses Foto wurde am Nachmittag aufgenommen. Der fröhliche und unbekümmerte Dmitry oder Dima, wie er von Freunden und Verwandten genannt wurde, hatte einige Fotos seiner Olga auf die Steuerpulte der Turbinenabteilung geklebt, über die er mit Stolz das Kommando führte (RECHTS). Am 12. August, als Kolesnikov eng mit den anderen Überlebenden zusammengedrängt im gesunkenen Unterseeboot saß, waren seine Gedanken bei seiner Familie und der geliebten Frau. Er schrieb eine Notiz, von der er wusste, dass Olga sie erst nach seinem Tode lesen würde: »Olechka! Ich liebe Dich! Leide nicht zu sehr!« Diese Notiz bekam seine Frau schließlich im Oktober zu lesen, kurz nachdem der Leichnam ihres Mannes aus der *Kursk* geborgen worden war.

miert« und ohne Zweifel von scharfkantigen und stumpfen Gegenständen getroffen worden. Ein russischer Sprecher führte dazu aus: »Allem Anschein nach wurden sie, als alles auseinander brach, nicht nur am Kopf, sondern auch am Körper getroffen.«

Die Witwe von Dmitry Kolesnikov behauptete, dass ihr Mann das Bevorstehen seines Todes schon geahnt hatte, bevor er zu der Übung auslief, bei der er dann tatsächlich ums Leben kam. Nach Aussage von Olga Kolesnikova hatte ihr Mann sich auf ganz merkwürdige Art und Weise von ihr verabschiedet, als er die gemeinsame Wohnung verließ: Er hatte ein Gedicht für sie geschrieben, in welchem von Tod und Liebe die Rede war.

> »Es ist jetzt 13 Uhr 15 … Wir sind 23 Mann hier … Keiner von uns kann entkommen.«
>
> Kapitänleutnant Dmitry Kolesnikov

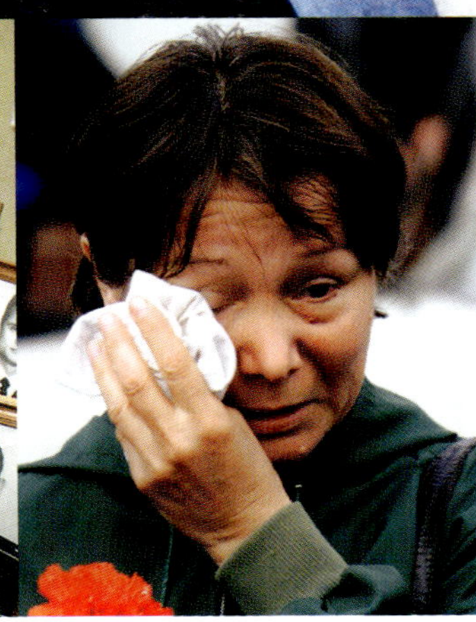

Trauer um die verschollenen Besatzungsmitglieder (LINKS). Im November 2000 (OBEN) wurden die ersten Opfer, die man aus dem zerstörten Unterseeboot geborgen hatte, mit einem Staatsbegräbnis geehrt. Am 12. August 2001 fand in Vidyayevo, dem Heimatstützpunkt der Besatzung, ein Gedenkgottesdienst statt (GANZ LINKS).

Nach Ansicht russischer wie internationaler Bergungsexperten sollte die *Kursk* gehoben werden, obgleich das sicherlich mehrere Monate in Anspruch nehmen und mit Kosten in der Höhe von rund einer halben Milliarde US-Dollar verbunden sein würde. Andere schlugen vor, das Boot wieder flott zu machen, indem man es mit Stahltrossen an Plattformen oder gewaltigen luftgefüllten Flößen aufhängte und dann unter Wasser demontierte – oder es einfach dort liegen zu lassen, wo es lag, und es hermetisch mit einer Schutzschicht aus biologischem Material zu versiegeln, um so zu verhindern, dass Radioaktivität frei werden konnte.

Im Mai des Jahres 2001 unterzeichneten die Russen einen Vertrag mit dem niederländischen Bergungs- und Schwertransportunternehmen Mammoet zur Hebung der *Kursk*. Die Firma entschied, zunächst die zerstörte Torpedoabteilung abzutrennen und sie einschließlich der immer noch gefährlichen Torpedos auf dem Grund liegen zu lassen, um sie zu einem späteren Zeitpunkt zu demontieren. Um den verkürzten Druckkörper heben zu können, wurden 26 Löcher durch die Außen- und Innenhülle gebohrt, in die anschließend speziell konstruierte Zapfen eingebracht wurden. Jeder einzelne war für eine ganz bestimmte Stelle des Druckkörpers hergestellt worden war. Wie gigantische Knebelbolzen dehnten sich die Zapfen aus, sobald sie die Bohrlöcher passiert hatten. Ein 140 Meter langer Prahm, die *Giant 4*, ging unmittelbar über der gesunkenen *Kursk* vor Anker. Mit 26 computergesteuerten Hebevorrichtungen, für jede Trosse eine, sollte der zehn Millionen Kilogramm schwere Druckkörper an die Wasseroberfläche gehoben werden. Um mit einem derartig gigantischen Gewicht klarzukommen, musste jedes Kardeel der Trossen aus 54 einzelnen Stahlschäften hergestellt werden.

Die **Hebung** der gewaltigen **Kursk**

Mit einem Gewicht von fast 24 000 Tonnen und in einer Tiefe von knapp 107 Meter liegend, stellte das gewaltige Unterseeboot eine unglaubliche Herausforderung für die beiden niederländischen Bergungsfirmen dar, die den Auftrag hatten, das Boot zurück an die Wasseroberfläche und ins Trockendock zu bringen. Die Operation lief in verschiedenen Schritten ab.

❶ An hydraulischen Zylindern befestigt, die zu beiden Seiten des Unterseebootes verankert waren, trennte eine riesige, ferngesteuerte Kettensäge den knapp 20 Meter langen Bugbereich ab. Er hätte laut Terminplan im Sommer 2002 von den Russen selbst geho-

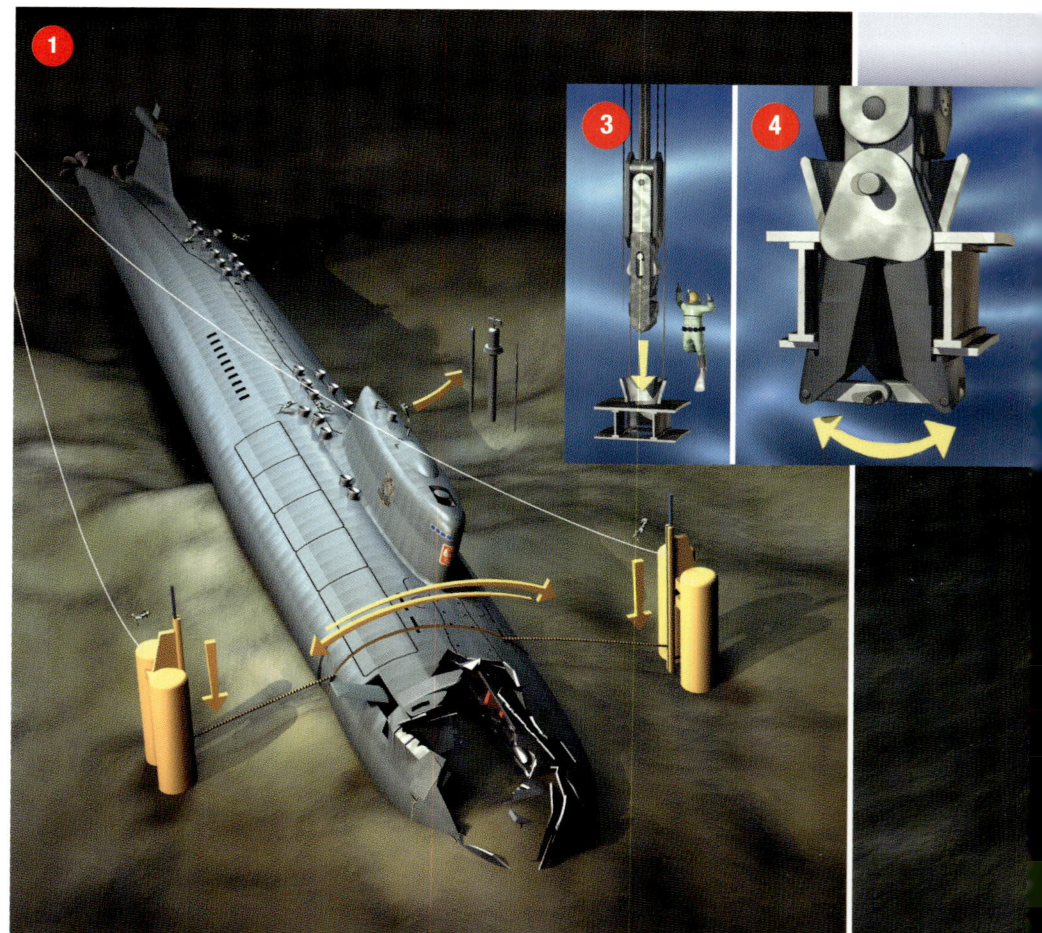

ben werden sollen. Anschließend setzten die Taucher Hochdruck-Wasserstrahlgeräte ein, um entlang der Mittschifflinie Löcher in den äußeren und inneren Mantel des Druckkörpers zu bohren. ❷ Der Prahm *Giant 4*, auf dem ein ausgeklügeltes Hebegerät montiert und dessen Rumpf modifiziert worden war, um das gehobene Unterseeboot halten zu können, wurde genau über der *Kursk* in Position gebracht und mit acht Trossen im Meeresgrund verankert. Dann wurden Schwerlasttrossen mit speziell zu diesem Zweck konstruierten Knebelbolzen ❸ vom Prahm zum Unterseeboot hinab gelassen und in die Bohrlöcher eingeführt. Sobald der Bolzen eingeführt war, entfalteten sich seine Ausleger zwischen den Spanten und der inneren Hülle des Unterseebootes, wodurch der Knebel fest in der Struktur des Bootes verankert war ❹. Der eigentliche Hebevorgang wurde genau überwacht, wobei immer wieder die Kraft, die auf die einzelnen Trossen einwirkte, nachjustiert wurde, um die auf dem Druckkörper der *Kursk* liegende Spannung zu minimieren. ❺ Als die *Giant 4* in Roslyakowo eintraf, wurden zwei mit Wasser gefüllte Pontons längsseits am Prahm festgemacht. ❻ Im Trockendock pumpte man dann das Wasser wieder aus den Pontons heraus, während *Giant 4* und die *Kursk* in Position manövriert wurden. ❼ Nachdem Prahm und Ponton abgezogen worden waren, wurde das Dock mit dem Unterseeboot darin in eine andere Werft geschleppt, wo die sorgfältige Untersuchung des Wracks begann.

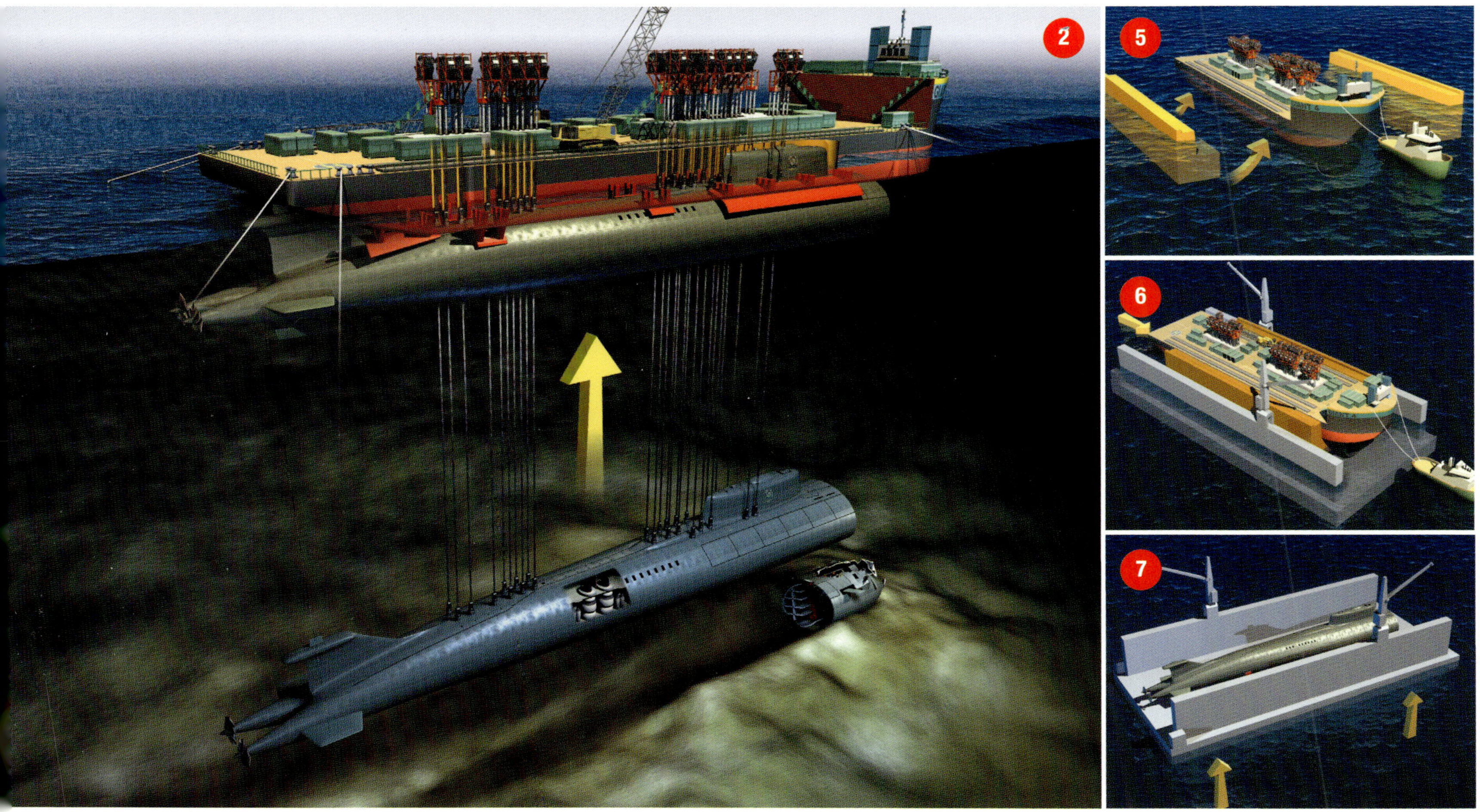

Die Vorrichtungen arbeiteten absolut synchron und hoben den Koloss rund einen Meter und zehn Zentimeter pro Stunde an. Sobald die *Kursk* sicher mit der *Giant 4* vertäut war, machte sich ein Schlepper auf die lange Reise nach Rosljakowo, wo zwei wassergefüllte Pontons auf beiden Seiten des Druckkörpers befestigt wurden. Anschließend wurde das Wasser aus den Pontons herausgepumpt und das Unterseeboot auf diese Weise so weit aus dem Wasser gehoben, dass es in ein Trockendock verholt werden konnte. Dann wurden die *Giant 4* und die Pontons abgezogen, so dass nur noch die Überreste des Unterseebootes im Trockendock lagen, um untersucht und anschließend abgewrackt zu werden.

In den Tagen nach der Ankunft der *Kursk* Ende Oktober 2001 in der hermetisch abgeriegelten Werft von Roslyakovo begannen russische Beamte die Untersuchungen mit äußerster Sorgfalt. Sie forschten nach den

(Links) Luftblasen steigen auf, als die *Kursk* von mächtigen Stahltrossen vom Grunde der Barent-See gehoben wird. (Unten) Arbeiter justieren die Pontons, bevor die Kursk behutsam ins Trockendock bewegt wird. (Darunter) Zerfetzte Wrackteile des Boots.

Nur der Turm ist im Trockendock sichtbar. Vorn am Turm ist das russische Staatswappen und an der Seite das Wappen der Stadt Kursk zu erkennen.

Ursachen für die Explosion an Bord des gewaltigen Atom-Unterseebootes und mussten gleichzeitig mit der düsteren Aufgabe fertig werden, die noch im Boot befindlichen Leichen der Besatzungsmitglieder zu bergen. Präsident Putin, der noch immer der harschen Kritik der Öffentlichkeit wegen seiner ersten Reaktionen auf die Katastrophe ausgesetzt war, hatte versprochen, dass sämtliche sterblichen Überreste geborgen und mit allen Ehren beigesetzt werden sollten. Am 23. März 2002 ehrte Russland die letzten Opfer, die teilweise nicht mehr von der *Kursk* geborgen werden konnten – zu denen auch der Kommandant des Bootes Gennady Lyachin zählte –, im Rahmen eines Gedenkgottesdienstes in St. Petersburg, an dem Tausende Trauernder teilnahmen. Obwohl die Untersuchungen über die Explosion an Bord noch nicht endgültig abgeschlossen sind, hat sich die Aufmerksamkeit doch sehr stark auf eine Torpedofehlfunktion als mögliche Ursache konzentriert.

Weshalb sank die **Kursk**?

Während der gesamten Rettungsaktion und auch noch etliche Monate später hielt die russische Regierung an der Kollisionstheorie fest. Eine Kollision war jedenfalls ein politisch attraktives Szenario (nach dem Motto: aufdringliche ausländische Unterseeboote bedrohen ritterliche russische Seeleute), welches auch noch durch Statistiken gestützt wurde, die 25 solcher Kollisionen seit 1967 in der Barent-See auswiesen. Doch die Vereinigten Staaten von Amerika dementierten jegliche Beteiligung, und kein einziges ihrer Unterseeboote hatte irgendwelche Schäden gemeldet.

Ein ganz anders gelagerter Hinweis, der zum ersten Mal in einer im August 2001 ausgestrahlten BBC-Dokumentation auftauchte, kam aus einer ziemlich unwahrscheinlichen Ecke: In einem winzigen Weiler namens Blacknest tief im Landesinneren Englands hatte die seismologische Überwachungsstation der britischen Regierung die Explosionen an Bord der *Kursk* noch aus Tausenden von Kilometern Entfernung aufzeichnen können. Was die Seismografen feststellten, waren zwei so genannte »Blips«, der erste ziemlich klein, der zweite dagegen wesentlich größer. Doch das wirklich Außergewöhnliche an diesen »Vorfällen« waren nach Angaben der Forscher in Blacknest die Ähnlichkeit der beiden Blips miteinander. Was sie zeigten, war keinesfalls eine Kollision, der eine Explosion folgte, sondern *zwei* Explosionen, erst eine kleinere, der dann eine erheblich größere folgte.

Doch was hatte diese Explosionen ausgelöst? Während die Forscher noch nach Antworten auf diese Frage suchten, brachte die Katastrophe eines anderen Unterseebootes rund ein halbes Jahrhundert zuvor neue Aspekte. 1955 sank das britische Unterseeboot *Sidon* nach einer Explosion im Hafen von Portland an der britischen Südküste. 13 Männer verloren dabei ihr Leben. Die *Sidon* hatte zwei Experimentaltorpedos an Bord, die Wasserstoffperoxid (H_2O_2)

(OBEN) Ein Torpedoraum auf einem russischen Unterseeboot der Oscar-Klasse. (RECHTS) Der Torpedo-Experte Maurice Stradling war der erste, der in einer BBC-Dokumentation Parallelen zwischen den Tragödien der *Sidon* und der *Kursk* aufzeigte. (GEGENÜBER) Ein computergeneriertes Bild der *Kursk*-Explosion.

als Sauerstoff- und Hitzequelle für den Torpedoantrieb verwendeten. Das farb- und geruchlose Wasserstoffperoxid entflammt selbst in unmittelbarer Nähe einer offenen Flamme nicht. Kommt es jedoch in Kontakt mit einem geeigneten Katalysator, zerfällt es zu Sauerstoff und superheißem Wasserdampf, wobei sein Volumen gleichzeitig um das 5000-fache zunimmt.

Im Falle der *Sidon* liefen zwei Dinge gründlich schief. Zunächst wurde die Sequenz, die zum Start des Torpedoantriebs führt, unbeabsichtigt bereits in Gang gesetzt, als der Torpedo bei Vorbereitungsübungen gerade erst ins Rohr geladen worden war, und dann versagte die Sicherheitseinrichtung, die eigentlich den Fluss des H_2O_2 unterbinden sollte, worauf der Treibstoff in den Startkreislauf des Antriebs gelangte. Wäre der Torpedo bereits abgeschossen gewesen, hätte der laufende Antrieb die plötzliche Hitzeentwicklung und den damit verbundene Druckanstieg kompensieren können, indem er H_2O_2 und den Katalysator entmischt hätte. Doch die Waffe befand sich gerade erst im Rohr. Binnen Sekunden platzte das Edelstahlrohr, in dem sich das H_2O_2 befand, und sein gesamter Inhalt ergoss sich in den Körper des Torpedos. Dort traf das H_2O_2 auf eine verunreinigte Substanz, die den konzentrierten, superheißen Sauerstoff entzündete und so eine gewaltige Explosion auslöste.

Obwohl sich die atomgetriebene *Kursk* sehr stark von einem Unterseeboot wie der *Sidon* unterschied, hatten die Boote dennoch eines gemeinsam: Beide hatten Torpedos an Bord, die mit H_2O_2 betrieben wurden. Möglicherweise, so spekulierten die Forscher, hat sich das, was an Bord der *Sidon* passierte, auch in der *Kursk* abgespielt. Das russische Unterseeboot führte nämlich gerade Torpedoabschussübungen durch und hatte bereits wenigstens einen Torpedo abgefeuert. Vielleicht hatte sich ein anderer Torpedo zufällig selbst aktiviert, das H_2O_2 war explodiert und hatte einen ungeheuren Brand entfacht.

Obwohl die Übungs-Torpedos an Bord der *Kursk* sämtlich mit Übungs- und nicht mit scharfen Gefechtsköpfen bestückt waren, wird sich die Initialexplosion auf das H_2O_2 beschränkt haben. Doch die gewaltigen Schäden, die am immerhin fast 41 Zentimeter dicken Druckkörper festgestellt wurden, lassen den Schluss zu, das schon einige Gefechtsköpfe gleichzeitig mit hochgegangen sein müssen. Bislang haben die Russen noch keinerlei Angaben darüber veröffentlicht, wie viele Torpedos das Atom-Unterseeboot tatsächlich an Bord hatte und welchen Typs sie waren. Sie haben jedoch die Gefahr durch wasserstoffdioxidangetriebene Torpedos eingestanden, und es wird vermutet, dass sie sie außer Dienst gestellt haben. Obwohl die H_2O_2-Theorie recht verlockend ist, erzeugt sie doch mehr Fragen als Antworten. Die offiziellen Untersuchungen über die Ursache für den Untergang dauern an.

Epilog: **Für alle in Gefahr**

Die See war nie ein Ort, an dem man sich sicher fühlen konnte, und ein solcher wird sie auch in Zukunft nie werden. Die Risiken, die von Unterseeboot-Fahrern eingegangen werden, sind also im Grunde die gleichen, mit denen sich Seeleute seit undenklichen Zeiten konfrontiert sehen. Allerdings erreichen sie bei den Unterseeboot-Fahrern eine ganz andere Dimension. Konventionelle Seeleute treten den Gefahren auf der Oberfläche des Meeres entgegen, während der Unterseeboot-Fahrer von seiner Umgebung umhüllt wird. Und diese Umgebung ist jederzeit bereit, ihm unzweideutig klar zu machen, wer hier der wahre Herrscher ist.

Doch jede Unterwasser-Katastrophe bewirkte, dass die Unterseeboote sicherer gemacht wurden. Die Tragödien waren immer wieder der Anstoß für die Entwicklung neuer Ausrüstung, wie beispielsweise des Davis-Tauchretters, der Momsen-Druckausgleichskammer, der Unterseeboot-Rettungskammer und des DSRV (*Deep Submergence Rescue Vehicle*). All diese Entwicklungen haben die Chancen für ein Überleben verbessert, sollte es einmal Schwierigkeiten geben. Doch auch die Aussichten, Katastrophen bereits im Vorfeld zu verhindern, haben sich verbessert. In dem Moment, da dieses Buch geschrieben wird, sind schon über 30 Jahre seit dem Zeit-

Register

Hinweise auf Fotos, Zeichnungen und Karten sind *kursiv*.
Alle *Schiffe* ohne weitere Charakterisierung sind Unterseeboote.

Bibliografie

Paul Ackerman: Encyclopaedia of British Submarines. 1901–1955. Paul Ackerman: Munsingen 1988

Alexander Antonow u. a.: Sowjetisch-russische Atom-U-Boote. Gefahr aus der Tiefe. Brandenburgische Verlagshaus: Berlin 1998

Erminio Bagnasco: U-Boote im 2. Weltkrieg. Technik, Klassen, Typen. Motorbuch: Stuttgart 1997

Harald Bendert: Die UB-Boote der kaiserlichen Marine 1914–1918. Einsätze, Erfolge, Schicksal. Mittler u. Sohn: Berlin 2000

Fred und Elizabeth Brenchley: Stoker's Submarine. HarperCollins: Sydney 2001

Lothar-Günther Buchheim: U-Boot-Krieg. Piper: München 1997

Tom Clancy: Atom U-Boot. Reise ins Innere eines Nuclear Warship. Heyne: München 1997

John P. Craven: The Silent War. The Cold War Battle Beneath the Sea. Simon and Schuster: New York 2001

Jean-Philippe Dallies-Labourdette: U-Boote. Eine Bildchronik 1935–1945. Motorbuch: Stuttgart 1998

Timothy L. Francis: Das Große U-Boot-Buch. Die Geschichte von 1620 bis heute. Heel: Königswinter 1998

Ulrich Gabler: Submarine Design. Entwurf, Konstruktion und Bau von Unterseebooten. Bernard und Graefe: Bonn 2002

Edwin Gray: Few Survived. A History of Submarine Disasters. Leo Cooper: London 1986

Paul J. Kemp: The T-Class Submarine. The Classic British Design. Arms and Armour: London 1990

Günter Krause: U-Boot-Alarm. Zur Geschichte der U-Boot-Abwehr 1914–1945. Brandenburgisches Verlagshaus: Berlin 1998

H. T. Lenton: Navies of the Second World War. American Submarines. Doubleday: Garden City 1973

Florian und Stefan Lipsky: Faszination U-Boot. Museums-Unterseeboote aus aller Welt. Koehlers Verlagsgesellschaft: Herford 2000

David Miller: Unterseeboote. Geschichte und technische Entwicklung. Motorbuch: Stuttgart 1992

David Miller, John Jordan: Moderne Unterseeboote. Technik, Taktik, Bewaffnung. Motorbuch: Stuttgart 1995

Antony Preston: Submarine Warfare. An Illustrated History. Brown Books: London 1998

Mark K. Ragan: The *Hunley*: Submarines, Sacrifice, and Success in the Civil War. Narwhal Press: Miami/Charleston 1995, 1999

Julius Rauter: Tauchboote enträtseln die Meere der Welt. Vom Handels-Unterseeboot zum Forschungs-Tauchboot. Koehlers Verlagsgesellschaft: Herford 1994

Eberhard Rössler: Geschichte des deutschen U-Bootbaus in 2 Bdn. Bd.1: Entwicklung, Bau und Eigenschaften der deutschen U-Boote von den Anfängen bis 1943. Bernard und Graefe. Bonn 1986

Eberhard Rössler: Die Unterseeboote der Kaiserlichen Marine. Bernard und Graefe: Bonn 1997

Bettina Sengling, Johannes Voswinkel: Die *Kursk*. Tauchfahrt in den Tod. Deutsche Verlagsanstalt: Stuttgart 2001

Sherry Sontag, Christopher Drew: Jagd unter Wasser. Die wahre Geschichte der U-Boot-Spionage. Bertelsmann: München 2000

Dan van der Vat: Stealth at Sea. The History of the Submarine. Orion: London: 1995

Internet

AE2
Royal Australian Navy
www.navy.gov.au

Dakar
www.nauticos.com

Deutsche U-Boote im Ersten Weltkrieg
www.uboat.de

Deutsche U-Boote 1935–1945
www.u-boot-archiv.de

Deutsche U-Boote im Ersten und Zweiten Weltkrieg
www.uboat.de

Hunley
Friends of the Hunley
www.hunley.org

John Philip Holland und seine Unterseeboote
www.geocities.com

Kriegsschiffe der U. S.Navy
www.hazegray.org

Kursk-Hebung
Mammoet and Smit International
www.mammoet.com

Kursk-Katastrophe
Russian Naval Museum
www.museum.navy.ru

Links und Webringe
www.u-boot-net.de

Royal Navy Submarine Museum
www.rnsubmus.co.uk

Submariner's Association, Barrow in Furness Branch
www.submariners.co.uk

Unglücksfälle in Friedenszeiten
www.lostsubs.com

U. S. Navy Naval Historical Center
www.history.navy.mil

Unterseeboote im Zweiten Weltkrieg
www.uboatarchive.net
www.uboat.net

Bildnachweis

Die Abbildungsrechte liegen bei den genannten Institutionen, Personen und Fotoagenturen.

Alle Illustrationen stammen, falls nicht anders vermerkt, von Jack McMaster.

AKG — Archiv für Kunst und Geschichte/Photo
AP — AP/Wide World Photos
BCM — Bettmann/Corbis/Magma
H|A — Hulton|Archive/Getty Images
HDC — Hulton-Deutsch Collection/Corbis/Magma
Magma — Magma Photo News
ME — Mary Evans Picture Library
NA — National Archives
NHC — Naval Historical Center
RNSM — Royal Navy Submarine Museum

Schutzumschlag: vorne, oben: Gemälde von Claus Bergen, mit freundlicher Genehmigung von AKG Berlin; vorne, unten: Brian Skerry; hinten: Brian Skerry und Ira Block
1: Gemälde von Stephen Bone, War Artists Collection, National Maritime Museum
2–3: Gemälde von Claus Bergen, mit freundlicher Genehmigung von AKG Berlin
4–5: Brian Skerry
7: Jonathan Blair/National Geographic Society
8: Gemälde von Claus Bergen, Sammlung des National Maritime Museum
10–11: Reuters NewMedia/ Corbis/Magma

ERSTES KAPITEL

12: Electric Boat Corporation
14: (Oben, links) Art-Tech; (oben, rechts) ME; (unten) The Art Archive/ Smithsonian Institution/Eileen Tweedy
15: (Links) Library of Congress; (rechts) ME
16–17: ME

ZWEITES KAPITEL

18–19: The Museum of the Confederacy
20: (Oben) NA; (unten) NHC
21: BCM
22: NHC
23: (Oben und unten, rechts) Daniel Dowdey; (unten, links) Library of Congress, mit freundlicher Genehmigung des South Carolina Institute of Archaeology and Anthropology
24–27: Daniel Dowdey
28: National Park Service Submerged Cultural Resources Unit
29: (Links, oben und unten) Mit freundlicher Genehmigung der Friends of the Hunley; (rechts) Christopher F. Amer, mit freundlicher Genehmigung der Friends of the Hunley
30–31: Brian Skerry und Ira Block
32: (Unten) Mit freundlicher Genehmigung der Friends of the Hunley
33: Christopher F. Amer, mit freundlicher Genehmigung der Friends of the Hunley
34–36: Mit freundlicher Genehmigung der Friends of the Hunley
37: Daniel Dowdey

DRITTES KAPITEL

38–39: HDC
40: ME
41: (Oben) The Mariners' Museum/Corbis/ Magma; (unten, links) Art-Tech; (unten, rechts) BCM
42: BCM
43: Brown Brothers
44–45: RNSM

VIERTES KAPITEL

46: AKG
47: AKG Berlin
48: H|A
49: (Oben) AKG London; (unten) Mit freundlicher Genehmigung von uboat.net
50: (Links) H|A; (kleines Bild) AKG; (Aufriss) Art-Tech
51: (Links) Corbis/Magma; (rechts) AKG
52: (Oben, links) Gemälde von Felix Schwormstadt, mit freundlicher Genehmigung des Bildarchivs Preussischer Kulturbesitz; (oben, rechts und Mitte) Corbis/Magma
53: (Oben) Library of Congress; (unten) BCM
54: H|A
55–57: Gemälde von Ken Marschall
58: Brown Brothers
59: H|A
60: AKG Berlin
61: (Oben) Imperial War Museum; (unten) Gemälde von Achille Beltrame, aus *Domenica del Corriere*, Rizzoli Periodici, Mailand
62: Gemälde von C.R. Fleming-Williams, The Art Archive/Collection of the Imperial War Museum
63: (Links) H|A; (rechts) Corbis/Magma
64: (Links) NA; (oben) NHC; (darunter) Captain John Chatterton; (unten) Art-Tech
66: (Links) BCM; (rechts) Corbis/Magma
67: Corbis/Magma
68–69: Gemälde von Charles Bryant, mit freundlicher Genehmigung des Australian War Memorial
69: (Kleines Bild) Australian War Memorial
70: (Oben) Mark Spencer; (unten) Australian War Memorial
71: Mark Spencer

FÜNFTES KAPITEL

72: Richard Quilter/BCM
74: ME
75–77: NHC
78: (Oben) BCM; (unten) AP
79: NHC
80: (Oben, links) AP; (oben, rechts) BCM; (darunter) HDC; (unten) NHC
81: (Oben) The Illustrated London News Picture Library
82: Brown Brothers
83: (Oben) Corbis/Magma; (unten) Portsmouth Naval Shipyard, Milne Special Collections and Archives, University of New Hampshire Library
84: (Oben, rechts) AP; alle anderen NHC
85: AP
86–87: RNSM
88: (Oben) H|A; (kleines Bild) Corbis/Magma
91: (Rechts) RNSM
92: H|A

93: (Oben, links) H|A; (darunter und rechts) RNSM
94: RNSM
95: (Oben, links) RNSM; (darunter und rechts) BCM

SECHSTES KAPITEL

96–97: Gemälde von John Hamilton, Sammlung des Imperial War Museum
98: (Oben) Corbis/Magma; (unten) H|A
99: (Links) ME; (rechts, oben und Mitte) Corbis/Magma; (rechts, unten) H|A
100: (Oben) HDC; (unten, links) AKG London; (unten, rechts) H|A
101: Gemälde von Randall Wilson, mit freundlicher Genehmigung von Cranston Fine Arts
102: H|A
103: (Oben) Corbis/Magma; (unten) Art-Tech
104: AKG London
105: Lawson Wood/Corbis/Magma
106: NHC
107: (Links) HDC; (rechts) AKG London
108: HDC
109: AKG London
110–111: Gemälde von John Hamilton, Sammlung des Imperial War Museum
112: RNSM
113: Kostas Thoktarides/AP
114: NA
114–115: Gemälde von Anthony Saunders, mit freundlicher Genehmigung von Cranston Fine Arts
117: (Oben, links) BCM; (oben, rechts) Gemälde von James W. Kerr. Mit freundlicher Genehmigung des Museum of the City of New York; (unten) NA
118: Brian Skerry; (kleines Bild) NA
119: Brian Skerry
120: AKG London
121: (Oben, links) Corbis/Magma; (darunter) Australian War Memorial; (rechts) HDC
122: Corbis/Magma
123: (Oben) NA; (unten) Art-Tech
124: Gemälde von Lieutenant Leonard Frank Brooks, Sammlung des Canadian War Museum
125: (Oben, links) BCM; (darunter) Corbis/Magma; (rechts) H|A
126–127: Gemälde von Dwight Clark Shepler, NHC Art Collection
127–129: NHC
130–131: Jonathan Blair/National Geographic Society
132: Priit J. Vesilind and Jonathan Blair; (kleines Bild) NA
133: Jonathan Blair/ National Geographic Society

SIEBTES KAPITEL

134–135: Brown Brothers
136: (Links) Eisenhower Library; (rechts) NA
137: (Oben) Gemälde von Albert K. Murray, NHC Art Collection; (kleines Bild) Brown Brothers; (unten) Art-Tech
138: (Unten, rechts) BCM; alle anderen NHC
139–141: NHC
142: Mit freundlicher Genehmigung von John P. Craven
144–150: NHC
152: (Oben) Nauticos Corporation; (links) Dolphin-Israeli Submariners Association; (kleines Bild, oben) Uri Dotan, Dolphin-Israeli Submariners Association; (kleines Bild, unten) Nauticos Corporation
153: (Unten, links) Uri Dotan; (oben, links, und rechts) Nauticos Corporation

ACHTES KAPITEL

154: Corbis/Magma
155: AP
156: (Oben und links darunter) Reuters NewMedia/Corbis/Magma; (rechts) AFP/Corbis/Magma
157: Reuters NewMedia/Corbis/Magma
159: (Oben, links) AP; (darunter) AFP/Corbis/Magma; (rechts) Alexander Zemlianichenko/AP
160: (Links) AP/RTR; (rechts) AP/SCANPIX
161: AP/RTR
162: (Oben) AFP/Corbis/Magma; (darunter) Reuters NewMedia/Corbis/Magma
163: (Oben) Dmitry Lovetsky/AP; (unten, links) Pool, Sergei Karpukhin/AP; (unten, rechts) Reuters NewMedia/Corbis/Magma
164–165: Joe Lertola, © 2001 Time Inc.
166: (Links) AP/Pool; (rechts) AFP/Corbis/Magma
167: AP/Pool
168: Mit freundlicher Genehmigung von Horizon/BBC TV
169: (Oben) Corbis/Magma; (darunter) Mit freundlicher Genehmigung von Horizon/BBC TV
170–171: Brian Skerry

Dank

Madison Press Books möchte all jenen danken, die bei der Entstehung dieses Buches mitgewirkt und unersetzliche Hilfe geleistet haben. Ganz besonderer Dank geht dabei an David Perkins, der unermüdlich Antworten auf unsere unzählige Fragen fand und wichtiges Datenmaterial und Hinweise bereitstellte. Gleiches gilt für Jack McMaster, dessen Illustrationen und Grafiken überall in diesem Buch zu finden sind. Herzlichen Dank auch an die, die einzelne Kapitel überprüft und uns bei den Recherchen unterstützt haben: Christopher Amer vom South Carolina Institute of Archaeology and Anthropology; David und Lynn Jourdan von der Nauticos Corporation; Dr. Mark Spencer und Larissa van Seumeren von der Firma Mammoet. Anerkennung und Dank auch an Debbie Corner vom Royal Navy Submarine Museum und Janea Milburn vom Naval Historical Center für ihre Recherchen nach einer Großzahl der in diesem Buch wiedergegebenen historischen Bilder. Tiefer Dank auch den Fotografen Jonathan Blair und Brian Skerry, die uns ihre Unterwasseraufnahmen zur Verfügung stellten und unserem Projekt unzählige Stunden Arbeit widmeten, sowie an Daniel Dowdey, der uns Zugang zu seinen Gemälden der *Hunley* gewährt hat, und an Joe Lertola, der die Bilder der *Kursk* schuf. Abschließend dürfen wir nicht unerwähnt lassen, in welch tiefer Schuld wir bei Kellen Butler von den Friends of the Hunley, bei Dean Jacobowitz und Neil Ruenzel von der Electric Boat Corporation, bei Richard Jeffery von den BBC TV Picture Archives, bei Tina Poitras von Magma Photo News, bei John Rutter von der National Geographic Society und bei Marcia Skerry stehen.

Cheflektor: Hugh Brewster
Stellvertretende Cheflektorin: Wanda Nowakowska
Lektorat: Wanda Nowakowska, Laurie Coulter
Redaktion: Ian Coutts
Redaktionsassistenz: Lisan Jutras
Fotorecherche und -beschaffung: Donna Chong, Susan Aihoshi
Art Director: Gordon Sibley
Grafik: Nathan Beyerle
Illustrationen und Zeichnungen: Jack McMaster
Herstellungsleitung: Susan Barrable
Herstellung: Donna Chong
Lithografie: Colour Technologies
Druck und Bindung: Imago Productions (F.E.) Ltd., Singapore

Gesunkene U-Boote wurde vom Verlag Madison Press Books produziert, der unter der Leitung von Albert E. Cummings steht.